Abiturwissen

Pädagogik und Psychologie

eine kompakte Zusammenfassung
der Jahrgangsstufe 1

2. Auflage | 2022

Lisa Neumann

ISBN Print: 9798569667819

Rheinaustr. 28, 68163 Mannheim
e-Mail: sonntag.nikolai@gmail.com
Verlag: KDP, Independently published

Die Deutsche Nationalbibliothek verzeichnet diese Publikation in der Deutschen Nationalbibliographie; detaillierte bibliographische Daten sind im Internet unter http://dnb.ddb.de abrufbar

WIDMUNG

Dieses Buch richtet sich an alle Personen, die sich auf die Klausuren sowie die Abiturprüfung im Profifach Pädagogik und Psychologie vorbereiten und diejenigen, die ihr allgemeines Verständnis für kognitive und psychologische Phänomene erweitern möchten.

Haftungsausschluss

Der Inhalt dieses Buches wurde sehr sorgfältig geprüft sowie erarbeitet und erfüllt einen hohen Qualitätsanspruch. Für die Vollständigkeit, Richtigkeit und Aktualität der Inhalte kann jedoch keine Garantie oder Gewähr übernommen werden. Der Inhalt dieses Buches repräsentiert die persönliche Erfahrung und Meinung des Autors und dient nur dem Unterhaltungszweck. Der Inhalt sollte nicht mit medizinischer Hilfe verwechselt werden. Es wird keine juristische Verantwortung oder Haftung für Schäden übernommen, die durch kontraproduktive Ausübung oder durch Fehler des Lesers entstehen. Es kann auch keine Garantie für Erfolg übernommen werden. Zusätzlich unterliegen die wissenschaftlichen Kenntnisse einem ständigen Wandel durch Forschung und Entwicklung in der Praxis. Daher übernehmen dieses Buch und Dritte keine Gewährleistung für die Vollständigkeit, Richtigkeit, Genauigkeit und Aktualität sämtlicher Inhalte in dieser Zusammenschrift. Dennoch wird versucht auf größte Sorgfalt zu achten, Informationen korrekt und in einer auch für Laien verständlichen Form darzustellen.

Dieses Buches enthält Links zu anderen Webseiten. Auf den Inhalt dieser Webseiten haben wir keinen Einfluss. Deshalb kann auf diesen Inhalt auch keine Gewähr übernommen werden. Für die Inhalte der verlinkten Seiten ist aber der jeweilige Anbieter oder Betreiber der Seiten verantwortlich. Rechtswidrige Inhalte konnten zum Zeitpunkt der Verlinkung nicht festgestellt werden. Die Haftung für mögliche Schäden, die aus der Nutzung der Internetangebote Dritter entstehen, ist ausgeschlossen.

Das Informationsangebot rund um die persönliche Gesundheit in diesem Buch dient ausschließlich Ihrer Information und ersetzt in keinem Fall eine persönliche Beratung oder Untersuchung. Daher können und dürfen die in diesem Ratgeber zur Verfügung gestellten Inhalte nicht zur Erstellung pauschaler Entscheidungen verwendet werden. Dieses Buch leistet keinerlei Beratung, Empfehlung oder Aufforderung im Hinblick auf den Kauf oder die Anwendung von bestimmter Sachgüter oder sonstigen Hilfsmitteln.

Inhalt

1. Einheit – Richtungen der Psychologie I

Psychologie entstammt dem Griechischen von psyché - die Seele und lógos - die Lehre, d.h. Psychologie meint die Wissenschaft über die bewussten und unbewussten Vorgänge, menschlichen Erlebens und Verhaltens. Zur Untersuchung wird die Gesamtheit aller von außen beobachtbaren Äußerungen (Verhalten) sowie alle von außen nichtbeobachtbaren Vorgänge (inneres Erleben) des Menschen untersucht

1.1 das psychoanalytische Persönlichkeitsmodell

State-Merkmal emotionales Empfinden im Moment

Trait-Merkmal dauerhafte Persönlichkeitseigenschaft z.B. Gier

1.1.1 das Schichtenmodell

topographische Modell das topographische Modell beschreibt den Ort (topos griech.) der psychischen Vorgänge als bewusst, vorbewusst und unbewusst

1. Bewusst:
   alle Gefühle, Vorstellungen oder sonstige Wahrnehmungen, die einer Person im Moment präsent sind (= unmittelbarer Zugang)

2. Vorbewusst:
   alle seelischen Vorgänge, an die sich die Person bei Bedarf erinnern kann, aber spontan im aktuellen Bewusstsein nicht präsent sind. D.h. sie sind latent vorhanden, können aber dem Bewusstsein voll zugänglich gemacht werden
   Beispiel: Geburtstage oder Nachnamen

3. Unbewusst:
   alle seelischen Vorgänge, die nicht ins Bewusstsein einer Person dringen, allerdings Einfluss auf das bewusste Erleben und Verhalten dieser Person haben. Ihre Inhalte sind zur Außenwelt am schwersten zugänglich, da sie durch Abwehrmechanismen manipuliert wurden. Der Zugang zu den unbewussten Erlebnisinhalten wird erst durch Techniken der Psychoanalyse möglich (z.B. Traumdeutung, freie Assoziation, Hypnose)
   Beispiel: verdrängte Bedürfnisse, Ängste, Wünsche

psychoanalytische Techniken im Überblick

1. freie Assoziation:
der Klient wird aufgefordert, spontan alle Gefühle und Gedanken zu äußern, ohne jede Hemmung, wie unwichtig, persönlich oder beschämend sie ihm auch erscheinen. Damit wird die Wahrscheinlichkeit erhöht, dass verdrängte Inhalte auftauchen
→ unbewusste Konflikte, Motive und Handlungsgründe werden sichtbar und können in Zusammenhang gesetzt werden

2. Traumdeutung:
Träume sind verschlüsselte Botschaften des Unbewussten. Aus dem manifesten Trauminhalt deutet der Therapeut die latenten (nicht offensichtlichen), verdrängten, unbewussten Bedürfnisse, Ängste und Konflikte des Klienten

a) manifester Trauminhalt:
Traumgeschehen, an das sich der Klient erinnert

b) latenter Trauminhalt:
unbewusste Bedürfnisse, Ängste oder Konflikte, die hinter dem manifesten Trauminhalt verborgen sind (wahre Bedeutung des Traumes)

3. Übertragung:
der Klient projiziert (überträgt) seine Gefühle bzw. frühkindlichen Interaktionserfahrungen (z.B. mit einem Elternteil) auf den Therapeuten. Dadurch lassen sich die früheren, unbewussten Konflikte analysieren

1.1.2 Instanzen und deren Dynamik

beispielhafte Abituraufgabe:
Erläutern Sie die Grundzüge des psychoanalytischen Persönlichkeitsmodells nach Freud und bewerten Sie den Ansatz hinsichtlich seiner aktuellen Bedeutung.

Instanzenlehre	die Instanzen der Persönlichkeit als gedankliche Konstrukte beschreiben die Erlebens- und Verhaltensweisen sowie die persönliche Eigenart des Menschen. Ihre Entwicklung findet nacheinander in der frühen Kindheit statt

das psychodynamische Persönlichkeitsmodell nach Freud

Instanz	Beschreibung
das ES	Lustprinzip: • als triebgesteuertes Wesen ist das ES auf sofortige Bedürfnisbefriedigung ausgerichtet und funktioniert nach dem Lustprinzip • Befriedigung der Bedürfnisse = lustvolle Entspannung • dazu zählen sämtliche angeborene Triebe und Wünsche sowie letztlich alle biologisch bedingten Bedürfnisse • es besteht kein Gesetz des logischen Denkens → Handeln ohne Rücksicht auf Verluste • das ES gilt auch als diffuser Triebwunsch, dessen Inhalt aus den Verdrängungen von Wünschen und Erlebnissen entstanden ist, die der Mensch während seiner persönlichen Entwicklung erlebt hat • Freud differenziert zwischen 2 Grundtrieben: → dem Lebenstrieb (Eros, Libido) und → dem Todestrieb (Destrudo) • diese Triebe beherrschen den Menschen, da dieser nach Freuds Auffassung ein triebstrukturiertes Wesen ist • insofern ist das ES die undisziplinierte Energiequelle

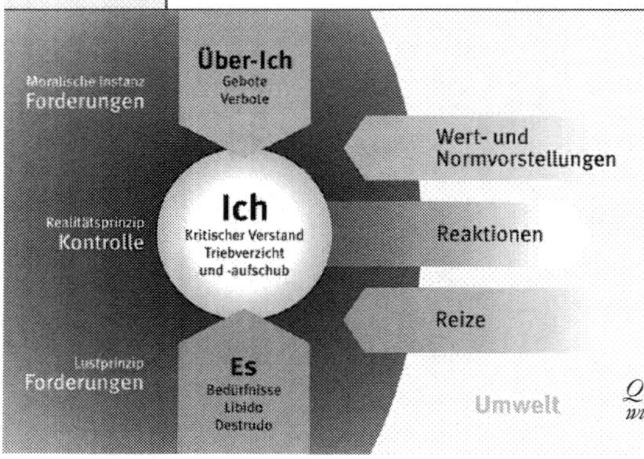

Quelle: Rainer Zenz; aus: https://upload.wikimedia.org/wikipedia/commons/7/7a/Freud_Ich.svg; unverändert

Instanz	Beschreibung
das Über-Ich	Moralitätsprinzip: • moralische Instanz, die bewertet, ob Triebwünsche des ES zugelassen oder zensiert werden, die im Ich ihre Realisierung finden wollen • umfasst gesellschaftliche Normen sowie moralische Wertvorstellungen, die im Laufe der Sozialisation weitergegeben werden • ein großer Teil ist unbewusst und entsteht in der ödipalen Phase • das Über-Ich meldet seine Ansprüche gegenüber dem Ich an (= Gewissensimperative) → Beispiel: unmoralisches Handlen erzeugt ein schlechtes Gewissen das Wesen des Über-Ichs • im Verhältnis zwischen Ich und Über-Ich spiegelt sich das Verhältnis von Kind und Eltern wieder • Einfluss von Ersatzpersonen wird aufgenommen z.B. Erzieher, öffentliche Vorbilder in der Gesellschaft, etc.
das Ich	Realitätsprinzip: • das Ich repräsentiert den Koordinator zwischen den Triebansprüchen des ES und den Normansprüchen des Über-Ich • entwickelt sich ab dem 6. Monat • als Bewusstsein beherrscht das Ich die Zugänge zum Willen und vertritt als einziger Teil der Persönlichkeit den Wahrnehmungskontakt zur äußeren Welt • als konfliktlösende Entscheidungsinstanz schiebt das Ich die Befriedigung der Triebe auf, bis diese mit d. Wirklichkeit vereinbar sind → Selbsterhaltungsinstanz des Menschen nach außen: • Aufgabe der Selbstbehauptung • Speicherung erfahrener Reize der Außenwelt im Gedächtnis • Vermeidung überstarker Reize durch Flucht • Anpassung an mäßige Reize nach innen: • Herrschaft über die Triebansprüche • Entscheidung, ob sie zur Befriedigung zugelassen werden • Unterdrückung triebgesteuerter Erregungen

psychischer Determinismus:

- das Seelenleben unterliegt nach Freud den psychischen Gesetzmäßigkeiten
- psychische Äußerungen sind determiniert, das heißt sie entstehen nicht zufällig, sondern haben stets eine Ursache
- die ursächliche Bedingtheit der Psyche manifestierte sich zum zentralen Prinzip seiner Lehre

dynamischer Prozess der Persönlichkeit

1. das ES will seine Triebe (Libido bzw. Destrudo) befriedigen und übermittelt seine Wünsche und Bedürfnisse beim Ich

2. das Über-Ich gleicht die Ansprüche des ES mit seinen Wertmaßstäben ab. Entweder werden die Triebe zugelassen oder nicht
→ Anweisung ans Ich

3. das Ich schafft den Kompromiss zwischen dem ES und Über-Ich, um ein Gleichgewicht herzustellen, indem es die Bedingungen der Realität prüft
→ entweder verwirklicht sie die Wünsche oder wehrt diese ab

die Grundtriebe:

1) Todestrieb, Zerstörungstrieb, Aggressionstrieb (≙ Thanatos)
   - Ziel: Zurückführung des Lebens in den anorganischen Zustand und somit dessen Vernichtung
   - psychische Energie des Thanatos: Destrudo
   - Mittel des Destrudo:
     → Selbstvernichtung (nach innen) gegen die eigene Person
     → zerstörender Aggressionstrieb (nach außen) gegen die Umwelt

2) Lebenstrieb, Sexualtrieb (≙ Eros)
   - Ziel: Selbst- und Arterhaltung durch Überleben sowie Fortpflanzung
   - psychische Energie des Eros: Libido
   - Mittel des Libido:
     → Triebe der Sexualität (Lustgewinn, Wünsche)
     → Ausrichtung auf den eigenen Körper (libidinöse Besetzung)
     → Ausrichtung auf andere Objekte (Objektbesetzung)

die Grundtriebe steuern menschliches Verhalten

- sie arbeiten gegeneinander, sind allerdings auch miteinander verschränkt
  - Beispiel: ein Chirurg entfernt den Tumor (Lebenstrieb), muss aber zeitgleich den Körper beim Aufschneiden zerstören (Zerstörungstrieb)
  - krankhafte Zustände heben diese Verschränkung auf (z.B. bei Selbstverletzung, Impotenz)

das Lust-Unlust-Prinzip

nach Freud funktioniert der Mensch nach einem Lust-Unlust-Prinzip:

- der gesunde Mensch tendiert dazu, sich unangenehmen Einflüssen zu entziehen
- Glück entsteht nur dann, wenn das Ich ein möglichst günstiges Gleichgewicht hergestellt hat zwischen seinen sexuellen und aggressiven Triebwünschen des ES und den Anforderungen und Verboten seiner sozialen Umwelt (Über-Ich)
- verdrängte Lustbedürfnisse verschwinden nicht, sondern bleiben als unbewusster Komplex in der Persönlichkeit weiter bestehen
  → diese hemmen fortlaufend positives Empfinden

Entwicklung der Instanzen

1. ES:
   die Rahmenbedingungen der Außenwelt lassen nicht jedes Bedürfnis seinen freien Lauf, sodass einige letztlich nicht befriedigt werden
   → Entwicklung der nächsten Instanz (Ich)

2. Ich
   als Vorbilder demonstrieren Autoritäten, z.B. Eltern oder Bezugspersonen, was gut bzw. böse ist, sodass sich dafür ein Bewusstsein entwickelt
   → Entwicklung der nächsten Instanz (Über-Ich)

Bewertung und aktuelle Bedeutung des psychoanalytischen Ansatzes

Pro	Contra
• die Psychoanalyse Freuds hat stets aktuelle Bedeutung • stets hohe Zustimmung, dass das Unbewusste den Menschen steuert • die moderne Neurobiologie bezieht sich vermehrt auf das psychoanalytische Persönlichkeitsmodell → z.B. bezüglich der Erfahrungen, die Menschen mit der Umwelt machen, wodurch deren Wahrnehmung und Lernen und damit schließlich die neuronale Plastizität des Gehirns verändert wird	• der Mensch ist kein rein rationales und aufgeklärtes Wesen • einige Zustände (z.B. Ekstase bzw. Trance) sind stark ES-orientiert und entziehen sich damit der bewussten Steuerung • Einige Aspekte der Psychoanalyse sind empirisch nicht überprüfbar

1.1.3 <u>Formen der Ich-Stärke und Ich-Schwäche</u>

a) Ich-Stärke

- <u>gesunde Persönlichkeit:</u>
  die Instanzen finden in der Realität zu einen Interessenausgleich
  = ausgleichende, wirklichkeitsbezogene Kompromisse

- <u>eigene Wünsche werden verwirklicht bzw. vertreten:</u>
  - Bedürfnisse können kontrolliert, zurückgestellt bzw. aufgeschoben werden
  - z.B. durch Rücksicht und Disziplin

b) Ich-Schwäche

1. <u>das ES siegt über das Ich:</u>
   - schwaches Über-Ich
   - ES kann sich mit seinen Ansprüchen gegenüber dem Ich leicht durchsetzen
     → übermäßige Triebbefriedigung

2. <u>das Über-Ich siegt über das Ich:</u>
   - starkes Über-Ich
   - exzessive Unterdrückung von Triebbefriedigung des ES
     → zwanghaftes Verhalten

3. <u>die Realität siegt über das Ich:</u>
   Forderungen der Außenwelt sind zu stark und beherrschen das Ich
   → ständige Anpassung, um Konflikte zu meiden
   → eigene Interessen sind sekundär

1.1.4 Angst, Angstabwehr und Verdrängung

Signaltheorie der Angst

- Wenn die einzelnen Persönlichkeitsinstanzen im Ungleichgewicht stehen, treten Ängste auf, die das Ich vor Gefahren warnen sollen
- Angst dient als Signalfunktion bzw. Warnung vor Bedrohungen

- Ursache:
  Reize, die das Ich überwältigen (z.B. inakzeptable Impulse aus dem ES, Forderungen des Über-Ichs)

- Lösung = Angstabwehr
  - das Ich baut die Angst ab, indem es realistische Kompromisse findet
  - oder das Ich setzt Abwehrmechanismen (z.B. Verdrängung) ein, welche die Angst abwenden oder reduzieren

- Beispiel:
  - unbewusste Unterdrückung von Sexual- bzw. Aggressionstrieben (Triebbedürfnisse)
  - oder unbewusste Unterdrückung von Schuld, Scham, Angst, Minderwertigkeitsgefühle (belastende ES-Impulse)

1.1.5 Transaktionsanalyse von Eric Berne

Transaktionsanalyse (E. Berne)

- Stellt eine eigenständige Therapieform dar
- Ziel: Herstellung einer offenen und authentischen Kommunikation
- Ablauf:
  - Ausgangspunkt ist das Ich-Zustandsmodell
  - Ich-Zustände werden unterschieden, die im Verhalten deutlich werden:
    → der Eltern-Ich-Zustand (Parent)
    → der Erwachsenen-Ich-Zustand (Adult)
    → der Kind-Ich-Zustand (Child)
- die Transaktionsanalyse lässt sich in vier Phasen unterteilen:
  - die Strukturanalyse
  - die transaktionale Analyse
  - die Spielanalyse und
  - die Skriptanalyse
- transaktionaler Analyse:
  - Bestimmung, welcher Ich-Zustand in einer Situation aktiv ist
- Arten der Transaktion
  - die einfache Transaktion oder
  - komplementäre Transaktion
- parallele Transaktion
  - Kommunikation, bei der der adressierte Ich-Zustand an den sendenden Ich-Zustand zurück spricht
- gekreuzte Transaktion
  - die Kommunikation findet nicht mehr auf einer Wellenlänge statt
  - die Ich-Zustände des Senders und des Empfängers laufen gekreuzt

Bewertung der transaktionalen Analyse

Stärken	Schwächen
• übersichtliche Einteilung der Ich-Zustände → ermöglicht einfache Handhabung in der Praxis • der Mensch steht im Mittelpunkt • starke Nähe zur Psychoanalyse (Instanzenmodell) - die Ich-Zustände sind allerdings Ausdrucksmittel, welche Ich-Zustände im Gespräch dominieren - z.B. zeigen Kind-Ich und Eltern-Ich die Nähe zur psychoanalytischen Annahme des Unbewussten	• der aktuelle und der situative Kontext einer Kommunikation werden vernachlässigt • die Komplexität des Menschen wird auf drei Ich-Zustände reduziert, was nicht seinen psychisch-mentalen Prozessen gerecht wird

1.1.6 Abwehrmechanismen

Abwehrmechanismen

Schutzmaßnahmen des Ichs, welche die für das Individuum bedrohlichen und angstauslösenden Erlebnisinhalte ausschalten, um damit drohende Konflikte zu reduzieren oder ganz zu vermeiden

allgemein gilt:
1. geschehen unbewusst
2. fungieren als Angstabwehr
3. zeigen die Selbsttäuschung

Strategie	Beschreibung
Verdrängung	• störende Impulse des ES werden durch die Blockierung des Zugangs zum Bewusstsein verdrängt • dieser Mechanismus läuft oft völlig unbewusst ab Beispiel: • Aggressionen gegenüber dem Chef werden verdrängt, weil sie in der momentanen Situation (z.B. Mitarbeiterkonferenz) unpassend sind
Verleugnung	• bedrohliche Erfahrungen werden verneint und abgelehnt, damit diese nicht ins Bewusstsein gelangen Beispiel: • der Tod der besten Freundin wird zunächst verleugnet • die Person lebt so weiter, als wäre nie etwas geschehen
Isolierung	• komplett abgelöste bzw. kalte Beziehung einer Person zu einem Thema Beispiel: • eine Person erzählt seinen Freunden völlig emotionslos, wie er wegen seinem Herzinfarkt beinahe dem Tod noch entkommen ist
Projektion	• eigene Wünsche und Probleme werden auf die Umwelt und andere Personen projiziert (geschoben), um sie an sich selbst nicht zu sehen Beispiel: • das eigene Scheitern wird auf Konkurrenten projiziert, um nicht als Versager wahrgenommen zu werden

Strategie	Beschreibung
Introjektion	• fremde Motive, Anschauungen und Verhaltensweisen werden in die eigene Person aufgenommen • bildet den Gegensatz zur Projektion Beispiel: • Anzug und Krawatte, um Erfolg vorzutäuschen und die eigenen Minderwertigkeitsgefühle zu überschatten
Verschiebung	• Konflikte und Probleme, die eine Person gegenüber einer anderen empfindet, werden auf eine weitere Person (ungefährlichere Situation) verschoben Beispiel: • den Wut über einen Kollegen auf der Arbeit lässt die Frau an ihrem Mann am Abend aus
Rationalisier-ung	• Konflikte werden dadurch rationalisiert (gerechtfertigt), indem die Person eine sachliche Erklärung für ihr unbewusst motiviertes Verhalten findet Beispiel: • aus Neid vor den guten Leistungen klaut eine Mitschülerin dem Klassenbesten seine Hausaufgaben mit der Begründung, dass er auch ohne diese gut abschneiden würde
Verharmlos-ung	• einem Konflikt wird ausgewichen, indem die Situation herunter gespielt wird Beispiel: • Mitschüler verstricken sich in einen heftigen Kampf, doch der Lehrer sieht dies als ganz normalen Prozess der Pubertät an und schreitet dementsprechend nicht ein
Reaktions-bildung	• um der Situation auszuweichen, macht die Person genau das Gegenteil von dem, wie sie sich tatsächlich fühlt Beispiel: • ein eher geiziger Mann möchte vor seinen Freunden nicht derart auffallen und wirkt ihnen gegenüber sehr spendabel

Strategie	Beschreibung
Kompen-sation	• die Person überwindet ihre psychischen Defizite, indem sie Verhaltensweisen annimmt, die ihr besondere Geltung und Überlegenheit zuschreiben • findet allerdings beim Großteil aller Verhaltensweisen statt Beispiel: • Frau, die sich ihre Falten überschminken muss, damit sie auf der Geschäftstagung erfolgreicher (jung) aussieht
Regression	• Personen gehen auf kindliche Verhaltensweisen zurück, um sich ihrer Verantwortung zu entziehen Beispiel: • Schreien und Weinen, bereits bei kleinen Unstimmigkeiten
Identifikation	• die Person identifiziert sich mit seinem Aggressor, wodurch sie gleich stark wird wie ihr Feind Beispiel: • ödipaler Konflikt in der Kindesentwicklung
Sublimierung	• unangemessene Wünsche werden in gesellschaftlich erwünschtes Verhalten sublimiert (umgelenkt) Beispiel: • ein Polizist sublimiert seinen Aggressionstrieb, indem er regelmäßig Schießübungen durchführt
Konversion	• ein innerpsychischer Konflikt wird in ein körperliches Symptom umgelenkt (= Konversionsstörung) • es liegt keine organische Ursache vor Beispiel: • der Trieb endlich den verhassten Job zu kündigen, aber dennoch für seine Familie zu sorgen, führt beim Klienten dauernd zu Kopfschmerzen
ungeschehen machen	• bestimmte Wünsche oder Gefühle werden so dargestellt als wären sie nie geschehen Beispiel: • nach einer Hüft-OP rennt der Klient ständig in der Klinik herum, um zu zeigen, wie fit er eigentlich noch ist

1.1.7 Erklärung psychischer Störungen auf der Grundlage des psychoanalytischen Persönlichkeitsmodells

Entstehung psychischer Störungen nach dem psychoanalytischen Modell

1. traumatische Erlebnisse und Fehlerziehung
2. Ausbildung eines Ungleichgewichts der einzelnen Persönlichkeitsinstanzen z.B. Ausbildung einer Ich-Schwäche
3. Auftreten von unangemessenen Ängsten, die ihrerseits Abwehrmechanismen aktivieren, um die bedrohlichen Erlebnisinhalte zu vermeiden (unbewusst zu machen)
4. Aufbau von innerpsychischen Spannungen aufgrund der unterdrückten (unbewussten) Erlebniskonflikte, die nicht gelöst werden können
5. Entladen der Spannung nach außen über Ausbildung von Symptomen
6. realitätsunangepasstes Verhalten durch den ständigen Einsatz von Abwehrmechanismen z.B. Leugnung bzw. Verfälschung der Realität

- psychische Gesundheit:
  Abwesenheit von Abwehrmechanismen
  → Offenheit und Angstfreiheit gegenüber Realität

- Neurose (Freud):
  unvollständige Verdrängung von ES-Impulsen durch das Ich, wobei der verdrängte Impuls ins Bewusstsein dringt. Damit diese Impulse nicht ins Verhalten einbrechen, bildet der Organismus neurotische Symptome, die als Ersatzbefriedigung dienen, seine Impulse zu beseitigen
  → gescheiterter Anpassungsversuch an belastende Erlebnisinhalte

- etablierte Neurose
  neurotische Züge überschreiten eine normale Schwelle, was zur Verfestigung des gestörten Verhaltens führt (auch gesunde Menschen zeigen neurotische Züge, allerdings auf einem niedrigem Niveau)

Einteilung von Neurosen nach Freud

- Aktualneurosen:
  beim Auftreffen eines aktuellen Konfliktes entsteht eine starke Affektwirkung auf den Körper
  → vegetative Symptome z.B. Angstneurose, Schreckneurose

- Psychoneurosen:
  verursacht durch einen dauerhaften Triebkonflikt. Sie lassen sich beobachten in der Kommunikation mit Mitmenschen und an der Herangehensweise von Lebensaufgaben
  → Ausbildung psychischer und somatischer Symptome z.B. (…)

  1. Hysterie:
     - hohes Bedürfnis nach Anerkennung
     - labile Affektivität
     - psychosomatisch bedingte Symptome (z.B. Störungen der Sinnesfunktion)

  2. Phobien:
     - psychisch bedingte Furcht vor einem Objekt (z.B. Spinnenphobien, die teilweise angeboren sind)

  3. Zwangsneurosen:
     - zwanghafte Wiederholung stereotyper Verhaltensweisen

  4. Charakterneurosen:
     - Verwahrlosung
     - Psychopathie

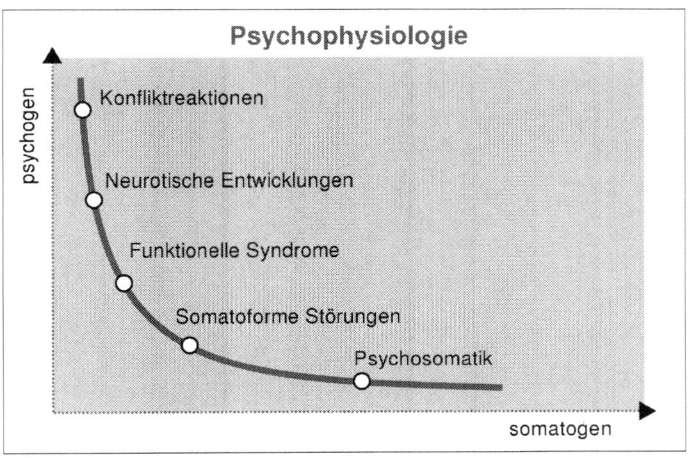

Quelle: https://upload.wikimedia.org/wikipedia/de/d/d1/Somatopsychische_Stoerungen.svg; unverändert

1.1.8 Bedeutung für die Erziehung

pädagogische Konsequenzen nach Erkenntnis der Psychoanalyse

1. Periode des pädagogischen Optimismus:
   → alles wird durch die Umwelteinflüsse und Erziehung gesteuert
   → Eltern sind für Neurosen verantwortlich

2. Periode des pädagogischen Pessimismus:
   → alles wird durch die Anlage gesteuert
   → Neurosen entstehen durch Entfaltung innerer (endogener) Faktoren

Folgerungen für die Erziehung des Menschen

- autoritäres bzw. überbehütetes Erzieherverhalten
  - übermäßige Lenkung
  - Aufbau eines zu starken Über-Ichs
    → ist zu vermeiden

- vernachlässigendes (laisser-faires) Erzieherverhalten
  - fehlende Führung
  - Aufbau eines zu starken ES
  - das Über-Ich wird nur schwach aufgebaut
    → ist zu vermeiden

- allgemeine Richtlinie:
  - angemessene Befriedigung der Wünsche des ES
  - Auseinandersetzung mit der Realität, sodass das Kind die Probleme der Welt wahrnehmen und diese selbstständig bewältigen kann
  - Entfaltung der kindlichen Neugier
  - Gewährung von Freiräumen und Entscheidungen für eigene Aktivitäten
  - Berücksichtigung von Impulsen des kindlichen Willens und Handels
  - Vermittlung von Grenzen, die die Urteilsfähigkeit fördern
  - Förderung der Selbstständigkeit und Gesundheit z.B. durch kritisches Denken
    → Ziel: starkes Ich

- Förderung eines starken Ichs durch (…)
  - emotionale Zuwendung (Priorität)
  - positive Gefühle: Verbundenheit, Nähe, Zärtlichkeit, Fürsorge, Schutz, Körperkontakt, Ansprache
  - Respektieren und Unterstützen des kindlichen Explorationsbedürfnisses

1.2 die psychoanalytische Trieblehre nach Freud

Trieb

psychischer Vorgang, der aus den Bedürfnissen, Wünschen und Defiziten (Triebquelle) hervorgeht und das Individuum dazu animiert, diese Spannung am oder mithilfe des Triebobjekts aufzuheben (Triebziel)

Beispiel:
1. Bedürfnis nach Nahrungsaufnahme (Triebquelle)
2. Hunger stillen (Triebziel)
3. Hamburger essen (Triebobjekt)

Sexualität

alle psychischen Vorgänge, die dem Lustgewinn für körperliche Funktionen inklusive der zärtlichen Erregungen dienen, d.h. nicht nur genital bezogen sind. Sie entwickelt sich nicht erst in der Pubertät, sondern sind angeboren

1.2.1 psychosexuelle Entwicklung

die Phasen der psychosexuellen Entwicklung nach Freud

Phase	Merkmale	Störungsbild bei Fixierung
1. Phase – orale Phase bis 2. Lebensjahr	• erogene Zone (Libidoobjekt): der Säugling erlebt sexuelle Lust über den Mund (Schlecken, Saugen, Lutschen) oder Haut (Berührungen, Streicheln) → atmosphärisches Fühlen, Hören, Sehen und Riechen → Empfangen und (sich-)einverleiben gelungene Entwicklung: • das Baby stellt erste Beziehungen zur sozialen Umwelt her (Beziehungsfähigkeit) • das Kind entwickelt Urvertrauen, Optimismus, Selbstwertgefühl, Selbstbewusstsein, Offenheit, Kontaktbereitschaft	oraler bzw. depressiver Charakter: • fordernd, unreif • will alles bekommen, • Selbstablehnung • kein Ehrgeiz • Sucht (Raucher) schizoider Charakter: • ambivalentes Verhältnis zu Mitmenschen • gestörtes Vertrauen zur Umwelt • Pessimismus

Phase	Merkmale	Störungsbild bei Fixierung
2. Phase – anale Phase 2. bis 4. Lebensjahr	• erogene Zone: Ausscheidungsorgane (Anus) • Kontrolle über Ausscheiden (Festhalten und Hergeben vom Stuhl, d.h. Erwerb der Schließmuskelkontrolle) • Willenserprobung und -durchsetzen → Nein-Sagen → Trotz vs. Fügsamkeit gelungene Entwicklung: • das Kind hat gesunde Einstellung zu: Reinlichkeit und Ordnung, Geben und Nehmen, Besitz und Macht • Erlernen von (…) - Autonomie und Selbstsicherheit - Kontrolle und Verweigerung	zwanghafter Charakter: • Geiz, Pedanterie • Pünktlichkeit • Korrektheit • Genuss von Macht • Kontrollversessen-heit • Hartnäckigkeit • Zwangsneurosen
3. Phase – phallische Phase 4. bis 6. Lebensjahr	• erogene Zone: Genitalien • der andersgeschlechtliche Elternteil wird Objekt sexueller Begierde • da Wünsche nicht verwirklichbar sind, konkurriert und vergleicht sich das Kind nun mit gleichgeschlechtlichem Elternteil → bei Jungen: Ödipuskomplex → bei Mädchen: Elektrakomplex • Rivale = Vater, Angst vor Kastration • Penisneid = Mädchen fühlt sich unvollkommen, weil sie keinen Penis hat gelungene Entwicklung: • Geschlechtsrollenfindung • Kind lernt geschlechtszugehörige Normen und Rollen • Ausbildung des Gewissens (Über-Ich)	hysterischer Charakter: • innerer Zwang zum Konkurrieren und Leistungsstreben • Schuldgefühl aus Angst vor Scheitern bzw. Bestrafung • Suchen nach älterem Partner • Überlegen- bzw. Unterlegenheits-gefühle gegenüber des anderen Geschlechts • Macho (Junge) • übertriebene Weiblichkeit (Mädchen)

Phase	Merkmale	Störungsbild bei Fixierung
4. Phase – Latenzphase 6. bis 12. Lebensjahr	• sexuelle Wünsche werden verdrängt zugunsten einer Entwicklung der geistigen Fähigkeiten (Schuldkind) • Triebe werden sublimiert, ihre Energie wird auf kulturelle Inhalte gelenkt (z.B. Schreiben, Lesen) • Verzicht auf unmittelbare Triebbefriedigung • etwas mit anderen zusammen machen • Sexualhemmnisse reifen → Objektübertragung von Verliebtsein auf Lieblingsperson z.B. Sänger gelungene Entwicklung: • Beginn der Entwicklung der Erwachsenensexualität	Minderwertigkeitsgefühle • Identitätsdiffusion • Beziehungsfähigkeit beeinträchtigt • Unklarheit über die eigene Ziele und soziale Rolle im Leben • Neurosen: Paraphilien (sexuelle Abweichung, unübliches Objekt)
5. Phase – genitale Phase ab 12. Lebensjahr	• erogene Zone: Geschlechtsorgane (via Küssen, Streicheln, Masturbation) • Entdeckung der reifen Sexualität • Partnersuche außerhalb der Familie • Sexualität fungiert unbewusst dem Ziel der Fortpflanzung • Geschlechtsverkehr als Ausdruck enger Beziehungen gelungene Entwicklung: • Fähigkeit eine sexuell bzw. emotional befriedigende Beziehung zu einem gegengeschlechtlichen, erwachsenen Partner aufzubauen • Erreichen der Geschlechtsreife (Samenerguss, Menstruation)	Störungen genitaler Sexualität • Impotenz (Jungs) • sexuelle Unlust (Mädchen)

Zusammenfassung:

- Libido-Energie besetzt die erogenen Zonen der einzelnen Entwicklungsstadien
- Spannungsreduktion (Abfuhr libidinöser Energie) durch normalen physiologischen Gebrauch sowie künstliche Reizung der Körperregionen
  → Befriedigung der Lustgefühle
- Lustreben = autoerotisch
  → beschränkt sich auf Selbstreizung der erogenen Zonen

1.2.2 Entstehung psychischer Störungen

Entstehung psychischer Störungen durch fehlerhafte Libidoentwicklung

- bereits frühkindliche Schädigungen der Libidoentwicklung führen zu Entwicklungshemmungen
- Fehlentwicklung des Libidos geht mit einer gestörten Persönlichkeit einher
- psychische Störungen resultieren aus der unzureichenden Befriedigung der Triebwünsche
- Triebfrustration:
  → ständiges Ausbleiben der Befriedigung wichtiger Bedürfnisse, was zu Enttäuschung führt
  → seelische Fehlentwicklungen

Fixierung	Individuen bleiben auf einer bestimmten Entwicklungsphase stehen und zeigen die für die jeweilige Stufe typischen Erlebens- und Verhaltensweisen Beispiel: orale Phase: übermäßiges Essen und Trinken anale Phase: Hartnäckigkeit, Machtstreben
Regression	Zurückfallen auf Erlebens- und Verhaltensweisen einer früher vorherrschenden Entwicklungsphase Auslöser: Enttäuschungen, Befürchtungen Beispiel: nach der Einschulung nässt sich das Kind wieder ein

1.2.3 Bedeutung für die Erziehung

pädagogische Bedeutung der psychosexuellen Entwicklung

- Erweiterung der pädagogischen Sichtweise um den Begriff der kindlichen Triebbedürfnisse
- kindliche Erfahrungen haben prägende Auswirkungen für das weitere Leben
- es muss berücksichtigt werden, dass Abwehrmechanismen, wie Projektionen, Verdrängung, Regressionen und Rationalisierung im Alltag immer auftreten
- Kritik an Freuds Modell
  - pädagogische Ziele, wie Mündigkeit und Moralität wurden nicht vollständig beleuchtet
  - Freud sucht nach Gesundheit und nicht nach Moralität
  - Menschsein gelingt nicht nur, wenn das Ich erfolgreich zwischen ES und Über-Ich vermittelt

Pädagogen müssen wissen, wie sie in den bestimmten Phasen der psychosexuellen Entwicklung mit dem Kind umgehen müssen:

Phase	Bedeutung für die Erziehung
1. Phase – orale Phase bis zum 2. Lebensjahr	• angemessene, wirklichkeitsbezogene Befriedigung der oralen Bedürfnisse • Reize liefern (z.B. Sprechen, Spielzeug, Geschichten) • Förderung einer emotionalen Bindung → emotionale Sicherheit → frühe Erfahrungen sind nachhaltiger, daher aktive Umweltauseinandersetzung
2. Phase – anale Phase 2. bis 4. Lebensjahr	die Reinlichkeitserziehung wird gewährleistet durch (...) • ein warmes Erziehungsklima und ungestörtes Eltern-Kind-Verhältnis • viel Geduld und Offenheit bei Erziehungsmaßnahmen • Gewöhnung an bestimmte Orte (z.B. Bad) • keine negative Betrachtung der Ausscheidungsprodukte
3. Phase – phallische Phase 4. bis 6. Lebensjahr	Bewerkstelligung eines positiven Verlaufs im Ödipuskonfliktes • harmonisches Familienklima • Geschlechtsrollenfindung durch Vorbildfunktion der Mutter bzw. des Vaters • keine Bestrafung für gewisse Verhaltensweisen • angemessene Triebbefriedigung

1.3 psychoanalytische Therapieverfahren

1.3.1 Grundlagen

wissenschaftliche Grundlage der psychoanalytischen Theorie:

- Behandlung von Neurosen möglich, weil sie durch exogene Faktoren verursacht werden
- Behandlung von Psychosen nicht möglich, da sie durch endogene Faktoren verursacht werden
- im Zentrum einer Neurose steht, nach Freud, der Ödipuskomplex, der von Psychotherapeuten therapiert wird
- Ausgangspunkt ist das Ansetzen an der Ich-Schwäche, dazu verbündet sich der Therapeut mit dem geschwächten Ich und versucht dieses zu stärken (Heilungsplan)

Grundannahmen der psychoanalytischen Therapie:

1. Bestimmte seelische Vorgänge, die im Unbewusstsein verborgen sind, wirken sich ebenfalls auf unser Erleben und Verhalten aus
2. Menschliches Verhalten wird durch Triebe gesteuert, die dem Individuum in der Regel nicht bewusst sind. Neurotische Störungen resultieren aus der Unfähigkeit, die intrapsychischen Konflikte zwischen den Impulsen des ES und den verinnerlichten Normen des Über-Ichs zu lösen. Jeder Mensch ist ständig psychischen Spannungen ausgesetzt, die in Träumen verarbeitet und gelöst werden sollen
3. Jedes Verhalten ist seelisch bedingt (determiniert) und lässt sich nur aus der individuellen Lebensgeschichte eines Menschen ermitteln

Zielsetzung:

1. Analyse von unbewussten Inhalten zur Identifizierung der inneren seelischen Spannungen
2. anschließend emotionale Verarbeitung (Aufarbeitung) von nun bewusst gemachten Konflikten

analytischer Vertrag:

- der Klient ist bereit, alles was ihm bewusst ist, gleichgültig und ohne Scham mitzuteilen
- der Therapeut hingegen sichert dem Klienten gegenüber seine Schweigepflicht und Diskretion zu, sodass Informationen ausschließlich der Deutung dienen

1.3.2 Bild vom Menschen

Menschenbild	Merkmale
mechanistisch	alle Vorgänge stehen in einem Ursache-Wirkungs-Zusammenhang
triebgesteuertes Wesen	• der Mensch ist von seinen sexuellen und aggressiven Trieben gelenkt, der schnell und umfassend seine Triebbefriedigung erfahren will • die Verhaltensweisen sind darauf gerichtet, diese Triebe zu befriedigen, innere Spannungen abzubauen, neue Energien freizusetzen • der Mensch ist durch seelische Prozesse bedingt und determiniert • dem Mensch sind die Vorgänge nicht bewusst, die sein Verhalten und Erleben bestimmen
pessimistisch	wegen der Bedingtheit der menschlichen Triebbefriedigung ist eine Verbesserung der sozialen und kulturellen Zustände nur schwer durchführbar

1.3.3 Psychoanalyse nach Freud

beispielhafte Abituraufgabe:
Das Realitätsprinzip ist eine zentrale Annahme in der Tiefenpsychologie. Erklären Sie das Prinzip.

die kausale Traumdeutung nach Sigmund Freud

Sigmund Freud deutet Träume vorwiegend kausal, indem er nach der Ursache des Traumes sucht (lat. causa – Grund)

- sie verfolgt einen retrospektiven Ansatz:
  d.h. die Suche nach verdrängten und unterdrückten Triebwünschen in der Vergangenheit, die zum Traum führten

- verdrängt werden vor allem triebhafte Wünsche des Es wegen ihres anstößigen Charakters und Bedrohlichkeit
- dieser Unterdrückungs- und Verdrängungsprozess, der durch das Über-Ich hervorgerufen wird, funktioniert in der Nacht nicht, weil das Wachbewusstsein (das Ich) weitgehend ausgeschaltet ist
- in dieser Zeit lebt das ES seine nicht befriedigten, für uns unbewussten Triebwünsche aus und versucht ins Bewusstsein zu dringen
- der Traum wird nach Freud daher als Königsweg zum Unbewussten gesehen

diese Träume sind allerdings verschlüsselt und nicht direkt verständlich
- das Über-Ich zensiert die Triebwünsche, indem es diese als Symbole verschlüsselt, sodass die Person nicht vor Angst aus ihrem Traum erwacht (Traum als „Hüter des Schlafs“)
- die Traumzensur findet über verschiedene Hilfsmittel statt z.B. der Verschiebung, der Umkehrung, der symbolischen Darstellung, der Anspielung, etc.
- diese Symbolsprache ist im Traum, nach Freud, eindeutig zu interpretieren
- durch die Zensur bleiben bestimmte Triebwünsche latent (verborgen), sodass diese zunächst dechiffriert (entschlüsselt) werden müssen
- zur Entschlüsselung werden dabei die Symbole des Trauminhalts in die Sprache der verdrängten Wunscherfüllung zurück übersetzt

Beispiel:
- Unterdrückung des Wunsches den Chef anzuschreien, da er dem Klienten unfairer Weise zu viel Arbeit aufgeschoben hat
- ohne stärkere Entstellung wird dieser Triebeswunsch im Traum erscheinen

1.3.4 Psychoanalyse nach C. G. Jung

die finale Traumdeutung von C.G. Jung

die finale Betrachtungsweise fragt nach dem Sinn, Zweck:

→ sie verfolgt einen prospektiven Ansatz:
d.h. die Deutung des Traums hinsichtlich der zukünftigen Entwicklung einer bisher vernachlässigten Seite der Psyche

der Mensch befindet sich während des Träumens in einer anderen Welt

- diese ist vielmehr die persönliche Welt als die Realität
- nach C. G. Jung dient der Traum (...)
  - der Unkenntlichmachung verbotener Triebwünsche und
  - der Offenbarung von verborgenen Selbstverwirklichungsmöglichkeiten des Träumers

der Traum kann, Jung zufolge, auf einer subjektstufigen bzw. objektstufigen Ebene interpretiert werden

- Objektstufig:
  der Traum sagt etwas über das geträumte Objekt oder die Beziehung zum geträumten Objekt aus

- Subjektstufig:
  der Traum sagt etwas über das Objekt (Subjekt) selbst aus und stellt daher eine Korrektur der Selbstwahrnehmung dar

Beispiel:

- Sohn idealisierte Vater jahrelang bis dieser an seinem 17. Geburtstag verstarb
- als angehender Vater träumt er von seinem verstorbenen Vater, welcher in einem buddhistischen Tempel auf einem Sessel sitzt
- dieser begegnet ihm als kleiner Mann mit einer bösartigen und dämonischen Fratze, obwohl er in der Realität ein großer und stattlicher Mann gewesen ist
- vor Entsetzen wacht er mit einem Schauergefühl auf
- der Traum offenbart die verdrängten negativen Seiten des Vaters, der keineswegs nur edel und gütig, sondern ebenso defizitär gewesen ist
- der Traum korrigiert demnach die bewusste Auffassung, die der Klient von seinem Vater hatte
- der Traum behandelt die gestörte Vater-Sohn Beziehung, die stets im Kontakt mit Autoritätspersonen beim Klienten kindliche Ängste auslösten
- daraus lassen sich die Minderwertigkeitsgefühle und der Selbstzweifel des Klienten erklären in Bezug zur Tatsache, dass er künftig selbst in die Vaterrolle steigt

Symbolbegriff von S. Freud und C. G. Jung

a) Freud
→ die menschliche Psyche kann durch die im Traum aufkommenden Symbole als eindeutiges Zeichen gedeutet werden

b) Jung
→ die in den Traumbildern vorkommenden Zeichen sind nicht bedeutungseinheitlich, sondern vielmehr als bedeutungsvielfältig und bedeutungsoffen zu deuten, da sie emotionsspezifische Botschaften darstellen

Entschlüsselungswerkzeuge

- Kondensation:
  separate Gedanken werden zusammengefasst
  (z.B. Mutter, Frau als eine Person)

- Verschiebung:
  wichtige Elemente werden zu unwichtigen Objekten reduziert (z.B. statt Tod, nur Verspätung einer Person)

- Repräsentation:
  Darstellung von Gedanken als visuelle Bilder

- Symbolisation:
  Darstellung von abstrakten Wünschen und Ideen in Traumbildern als Symbole
  (z.B. König = Vater)

1.3.5 Bewertung der psychoanalytischen Theorie

Pro	Contra

• die Komplexität menschlichen Erlebens und Verhaltens wird beschrieben
• Freud legt mit seiner Erkenntnis des Unbewussten, die Grundlage für weitere Hirnforschung
• Meilenstein: für die Pädagogik (…)
  - die Bedeutung von Umwelt und Erziehung für das Individuum
  - der Einfluss frühkindlicher Erfahrungen, unbewusster Konflikte und traumatischer Erlebnisse auf das psychische Befinden des Menschen
	• das Modell ist zu komplex, etwa sorgen die vielen Fachbegriffe für Missverständnisse und Verwirrung
	• Psychoanalyse ist sehr zeitintensiv und dementsprechend teuer
	• der Nutzen kann nicht genau abgeschätzt werden
	• keine empirische Wissenschaft vorhanden
	  - die Wirkung hängt von der selbsterfüllenden Prophezeiung ab, z.B. ob der Klient die Deutung akzeptiert
	  - die Theorie basiert auf Einzelfällen
	  - die Allgemeingültigkeit der Behauptungen (z.B. Ödipuskonflikt, Penisneid oder Angst vor Kastration) sind durch wissenschaftliche Untersuchungen noch nicht vollständig validiert bzw. können nicht nachgewiesen werden
	
	• der Mensch ist kein reines Triebwesen, weil er nicht nur aktiv wird, um Triebwünsche zu befriedigen
	  - es ist nicht nachweisbar, ob Verhalten und Erleben determiniert ist
	
	• moderne Untersuchungen stellen klar, dass Aggressionen auf Erfahrungen zurück gehen
	  - Todestrieb (Destrudo mit zerstörenden und aggressiven Äußerungsformen) konnte keinem organischen Ursprung zugeordnet werden

1.4 Krisen und Krisenintervention

1.4.1 Definition und Dimensionen von Gesundheit und Krankheit

World-Health-Organisation (WHO)
die WHO hat in ihrem Gründungsjahr 1946 im Rahmen der internationalen Koordination des öffentlichen Gesundheitswesens folgende Gesundheitsdefinition hervorgebracht:

„Gesundheit ist ein Zustand vollkommenen körperlichen, geistigen und sozialen Wohlbefindens und nicht die bloße Abwesenheit von Krankheit oder Gebrechen. Sich des bestmöglichen Gesundheitszustandes zu erfreuen, bildet eines der Grundrechte jedes menschlichen Wesens, ohne Unterschied der Rasse, der Religion , der politischen Anschauung und der wirtschaftlichen oder sozialen Stellung."

Aussagen
- die Definitionen von Gesundheit sind sehr individuell und persönlich
- der Begriff von Gesundheit als uneingeschränkte Arbeitsfähigkeit wurde abgelöst und um seelisch-geistige-soziale Faktoren erweitert, u.a. (…)
  - die Eingebundenheit in der Familie z.B. geliebt zu werden
  - Selbstvertrauen durch Anerkennung
  - Geborgenheit in Religion und Lebensnormen
  - in Freiheit zu entscheiden
  - Verbundenheit in sozialen Gefügen

Kritik an der WHO-Definition
- soziale Sicherheit
- medizinische Versorgung
- Hygiene
- minimaler Wohlstand
- sauberes Trinkwasser
- genügend Nahrung
- Wohnsituation

Zusammenfassung und Kritik
- Gesundheit wird als statischer (unveränderlichen) Zustand begriffen
- es fehlt das Bemühen um die eigene Gesundheit
- diese Auslegung ist für chronisch Kranke (z.B. Diabetiker) unrealistisch
- dieser Idealzustand wirkt unerreichbar
- die WHO vernachlässigt die Gesundheit als dynamischen Prozess
- Gesundheit wird als sehr subjektiv gesehen

Dimensionen von Gesundheit

Einflussfaktoren	Beschreibung
physisch bzw. körperlich	Körperfunktionen sind intakt
psychisch bzw. geistig	Fähigkeit, klar und zusammenhängend zu denken → produktiv und aktiv Probleme bewältigen zu können
sozial	Fähigkeit, Beziehungen aufzubauen z.B. emotionale Defizite = Autismus Integration ins soziale Gefüge (Familie, Freunde, Beruf)
emotional	Fähigkeit, Gefühle zu erkennen, zuzuordnen und teilen zu können
gesellschaftlich	gesellschaftliche Umweltfaktoren z.B. Arbeitsklima, Luftverschmutzung, Krieg
seelisch	sich bei bestimmten Normen und Wertvorstellungen wohl zu fühlen und diese zu teilen sowie mit sich selbst im Reinen zu sein

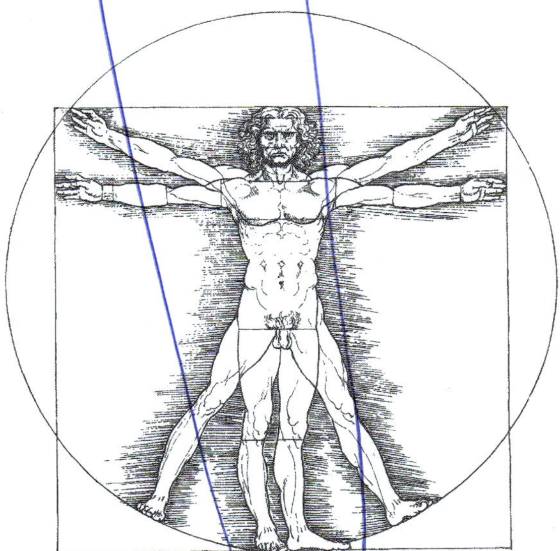

Quelle: https://upload.wikimedia.org/wikipedia/commons/1/11/Vitruvianischer_Mann.jpg; unverändert

1.4.2 kritische Lebensereignisse

kritische Lebensereignisse (critical life-events)

- kritische Lebensereignisse sind positive und negative Veränderungen im Leben, die dafür sorgen, dass sich das Individuum an die neue soziale Situation anpassen muss
- diese Anpassungsleistungen erzeugen Stress
- negative "Life-Events" können Auslöser einer Depression oder Schizophrenie sein

1. **akute Ereignisse:**
   - Kind verliert durch einen Verkehrsunfall seine Eltern
   - Suizid
   - Fehlgeburt
   - eigene Hochzeit, Geburt der eigenen Kinder (positiv)

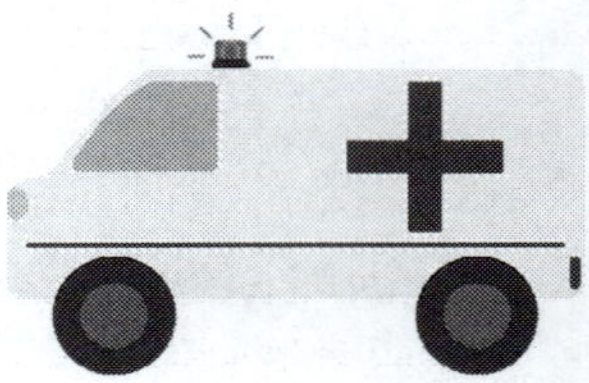

2. **chronische Ereignisse:**
   - Tumorerkrankung
   - Demenz
   - traumatische Erlebnisse (z.B. Krieg, Verlust der Eltern)
   - die Gesundheit kann nicht wiederhergestellt

Merkmale von kritischen Lebensereignissen

- sie sind unkontrollierbar
- sie sind unvorhersehbar
- sie sind unerwünscht
- sie rufen eine Stress- und Angstreaktion aus
- sie fordern durch Coping eine Neuanpassung

soziale Schichtzugehörigkeit

- Gesundheit ist von der sozialen Schichtzugehörigkeit abhängig
- die Lebenserwartung der sozial benachteiligten Schicht liegt etwa um 3 bis 10 Jahre unter der der höchsten Sozialschicht
- Faktoren der Lebenserwartung in Industrienationen sind (…)
  - Einkommen (größter Einfluss)
  - Wohnlage
  - gesundheitliche Aufklärung und Ernährungsbewusstsein
  - Berufslage (Auszubildender oder gefährdeter Arbeitsbereich → Stress)
  - körperliche Aktivität

- Krankheiten, die mit dem niedrigem Wohlstandsfaktor assoziiert sind, d.h. sozial benachteiligte Personen weisen folgende Erkrankungen häufiger auf (…)
  - Herzinfarkt (bei Männern)
  - koronare Herzerkrankung
  - Herzinsuffizienz
  - Bronchialkarzinom
  - Asthma bronchiale
  - Schlaganfall
  - Diabetes mellitus Typ 2
  - Karies
  - AIDS
  - Depressionen (bei Frauen)
  - Substanzmissbrauch und Schizophrenie

- sozial höhere Schichten weisen hingegen häufiger auf (…)
  - Neurodermitis
  - Allergien

- Faktoren für gesundheitsschädigendes Verhalten von Jugendlichen (…)
  - Druck durch soziale Medien und Werbung
  - mangelhafte Sozialisation durch die Familie
  - Inkongruenz im Selbstwertgefühl und Selbstkonzept
  - Einfluss durch die Peer-Group

1.4.3 diagnostische Klassifikationssysteme

diagnostische Klassifikationssysteme

- Klassifikationssysteme definieren zu den verschiedenen Symptomen die zugrunde liegende Störung
- eine Störung liegt vor, sofern die Symptome den Klienten derart beeinträchtigen, seinen Alltag angemessen zu bewältigen (Ausfall der Funktionsnorm)
- Klassifikationssysteme dienen dazu (…)
  - Therapieempfehlungen (Leitlinien) aufzustellen
  - verschiedene Gruppen von Klienten miteinander zu vergleichen
  - den Diagnoseprozess zu standardisieren (einfachere Dokumentation)
  - einheitlich und verständlich über die Diagnosen zu kommunizieren
- die WHO hat dazu 3 Diagnosesysteme veröffentlicht (…)
  - ICD-10 (Internationale statistische Klassifikation der Krankheiten und verwandter Gesundheitsprobleme)
  - DSM (diagnostischer und statistischer Leitfaden psychischer Störungen)
  - ICF (Internationale Klassifikation der Funktionsfähigkeit, Behinderung und Gesundheit)

allgemein

die Diagnostik beider Systeme ist kriterienorientiert, d.h. (…)

1) psychische Störung werden anhand von Leitsymptomen definiert, die stets vorhanden sein müssen
2) Ausschlusskriterien dienen dazu, um ein Störungsbild gegen ein anderes abzugrenzen
3) jede Erkrankung muss eine gewisse Anzahl klar definierter Symptome vorweisen

ICD-10

- sie listet den Großteil aller Krankheiten auf, d.h. auch Krankheiten nicht psychischer Art
- im Kapitel V werden psychische Störungen aufgelistet
- die neue Ausgabe ICD-11 erscheint im Jahr 2022

DSM

- entwickelt von der American Psychiatrie Association
- das DSM-IV dient als multiaxiales Klassifikationssystem psychischer Störungen
  - auf die fünf Achsen kann jeweils die Richtung einer bestimmter psychischen Störungen ermittelt werden
  - auf jeder Achse befinden sich kleinere Fenster mit weiteren Differenzierungen der spezifischen Erkrankung

- Vorteil:
  das DSM-IV gibt Zeitabstände für das Auftreten der Symptome an, v.a. wichtig für die Diagnose von Depressionen

- Nachteil:
  keine klare Abgrenzung, ab welchem Schweregrad, welcher Häufigkeit, welcher Dauer, etc. eine psychische Störung vorliegen muss

ICF

- beschreibt den Zusammenhang zwischen der körperlichen, psychischen und sozialen Dimension von chronischer Krankheit und Behinderung
- dabei werden mehrere Komponenten herangezogen, die für die Ausprägung einer chronischen Erkrankungen verantwortlich sind (…)

  - Aktivität:
    Person kann seinen Alltag mit seinen körperlichen Fähigkeiten bewältigen

  - Partizipation:
    Person nimmt am Berufs- und Gesellschaftsleben teil

  - Kontextfaktoren in Person und Umwelt:
    Beeinflussung der Person durch seinen sozialen Hintergrund, persönlichkeitsbezogenen Faktoren und Umwelteinflüssen

  - Körperfunktionen und -strukturen des Organismus

1.4.4 physiologischer Ablauf der Stressreaktion

Stress

- physiologische Anpassungsreaktion an Stressoren
- Eustress → leistungsfördernd
- Distress → leistungshemmend

Stressoren (Stressmotive)

Typ von Stressor	mögliche Erkrankungen
abiotische Stressoren	Hitze, Kälte, radioaktive oder elektromagnetische Strahlung, etc..
biotische Stressoren	Krankheitserreger, Tumore
psychosoziale Stressoren	Tod eines Angehörigen, Leistungsdruck, Diskriminierung

Folgen für den Organismus

Körperregion	mögliche Erkrankungen
Herz-Kreislauf-Erkrankungen	Hypertonie, Herzinfarkt, KHK, Hirninfarkt
Muskulatur	Kopf- und Rückenschmerzen, Schmerzen der Weichteile
Verdauung	Verdauungsstörungen, Magen-Darmgeschwüre
Stoffwechsel	erhöhter Blutzucker- und Cholesterinspiegel Diabetes mellitus Typ 1 und 2
Immunsystem	a) verminderte Immunkompetenz gegenüber äußeren und inneren Einflüssen (Infektionen, Krebs) oder … b) übersteigerte Immunreaktion von innen oder außen (Autoimmunreaktionen, Allergie)
Schmerz	verringerte Schmerztoleranz
Geschlechts-organe	Libidoverlust, Impotenz, Infertilität, Zyklusstörungen

1.4.5 <u>Allgemeine Anpassungsreaktion</u> (H. Selje)

das allgemeine Adaptationssyndrom (AAS) besteht aus (…)

1) <u>Alarmphase:</u>
   Wahrnehmung des Stressors führt zur Aktivierung des Sympathikus

2) <u>Widerstandsphase</u> (Resistenz):
   der Stress hält länger an, sodass der Körper als Widerstand mit einer erhöhten Cortisonausschüttung reagiert, dadurch sind die körperlichen und geistigen Fähigkeiten auf ein Optimum eingestellt

3) <u>Erschöpfungsphase (Exhaustion):</u>
   ist der Stressor nach mehreren Tagen oder Wochen immer noch nicht überwunden, bleibt der Cortisonspiegel dauerhaft erhöht, was zu Krankheiten und psychosomatischen Beschwerden führen kann

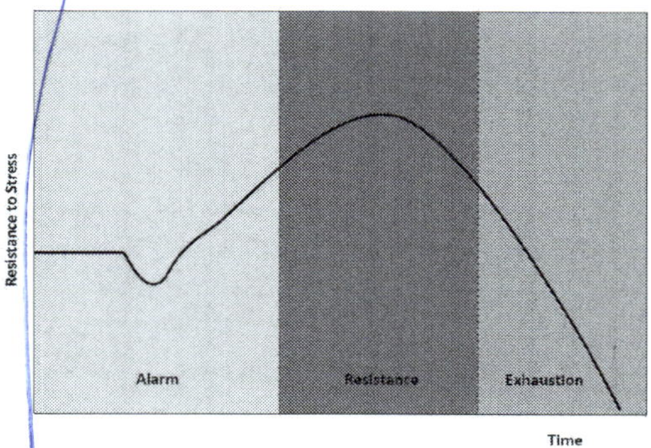

Quelle: David G. Myers, aus: https://upload.wikimedia.org/wikipedia/commons/c/cc/General_Adaptation_Syndrome.jpg, unverändert

Allostase	Anpassung des Körpers an neue Bedingungen durch die dauerhafte Belastung
individualspezifische Stressreaktion	ein Individuum reagiert auf unterschiedliche Reize immer mit demselben physiologischen Reaktionsmuster <u>Beispiel</u>: eine Person bekommt ständig Verdauungsbeschwerden, egal was sie isst
reizspezifische Stressreaktion	ein Umweltreiz führt bei verschiedenen Menschen immer zum gleichen physiologischen Reaktionsmuster <u>Beispiel</u>: ein Hornissenstich wird von jeder Person als schmerzhaft wahrgenommen

1.4.6 Vergleich der Stress-Systeme: FFS und AAS

	Fight-and-Flight-Syndrom (FFS)	allgemeines Anpassungssyndrom (AAS)
Hormone	Adrenalin	Cortisol
Bildungsort	Nebennierenmark (NNM)	Nebennierenrinde (NNR)
Steuerung der Freisetzung	Hypothalamus → Sympathikus → NNM	Hypothalamus (CRH) → Hypophyse (ACTH) → NNR
Wirkung auf Zielorgane	• Tachykardie (verstärkte Pumpleistung des Herzens) • Vasokonstriktion • Bronchial- und Pupillenerweiterung • Anstieg des Atemvolumens • Blutdruckanstieg • erhöhter Glykogenabbau • Hemmung der Verdauung • erhöhte Schweißsekretion	<u>Hemmung von</u> (…) • Sexualorganen • Immunsystem (Hemmung von Entzündungsreaktionen) Erhöhung des Blutzuckerspiegels
Geschwindigkeit	schnell	langsam
biologischer Sinn	kurzfristige Mobilisierung der Energiebereitstellung → erhöhte Bereitstellung von Sauerstoff und Nährstoffen für die Sklettmuskulatur (z.B. schnelle Bewegung)	länger andauernde Anpassung an eine chronische Belastung

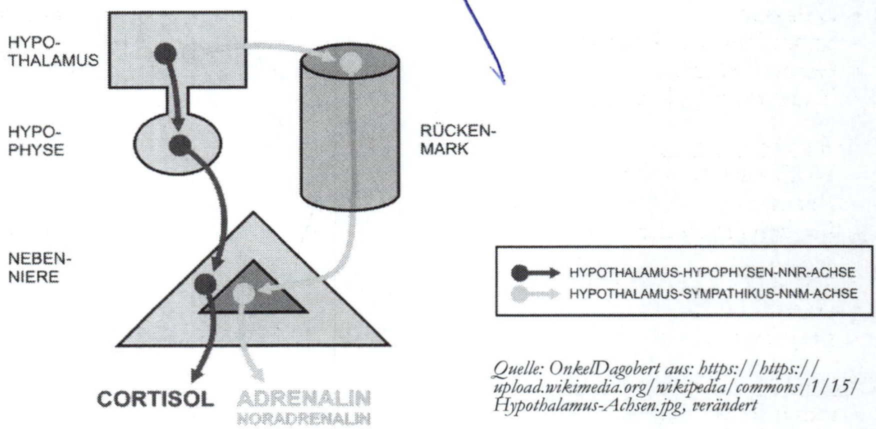

Quelle: OnkelDagobert aus: https://https://upload.wikimedia.org/wikipedia/commons/1/15/Hypothalamus-Achsen.jpg, verändert

1.4.7 psychologisches Stressmodell nach Lazarus

transaktionales Stressmodell ob bestimmte Reize Stress auslösen, hängt von der kognitiven Bewertung der Stressoren durch das Individuum ab

Ablauf: Umwelt → Stressoren → Selektion → primäre Bewertung → sekundäre Bewertung → Stress oder Coping → Neubewertung

Primäre Bewertung (primary appraisal):
Ein auftretendes Ereignis wird auf seine Gefährlichkeit hin eingeschätzt

Sekundäre Bewertung (secondary appraisal):
Die Copingstrategien (Bewältigungsstrategien) werden überprüft

Bewältigung Die Situation wird durchlebt und erfahren

Neubewertung Überprüfung, ob das Coping den Stress vermindert hat

Copingstrategien

1. bewertungsorientiertes Coping
   - negative Denkmuster
   - Perfektionismus
   - automatische Annahme
   - positive Selbstinstruktion
2. problemorientiertes Coping
   - Problem verlassen
   - Problemlösetraining
   - Zeitmanagement
3. emotionales Coping
   - Zulassen
   - Sport (bewirkt Serotonin-Freisetzung)
   - Genuss, Hobbys
   - Entspannung, Freunde, Kunst
4. Selbstmangement
   - Work-Life-Balance
   - Bedeutung sozialer Kontakte
   - Freizeitgestaltung
5. Entspannungstechniken
   - autogenes Training
   - progressive Muskelrelaxation
6. Resilienz
   - individuelle Widerstandsfähigkeit gegen Stressoren

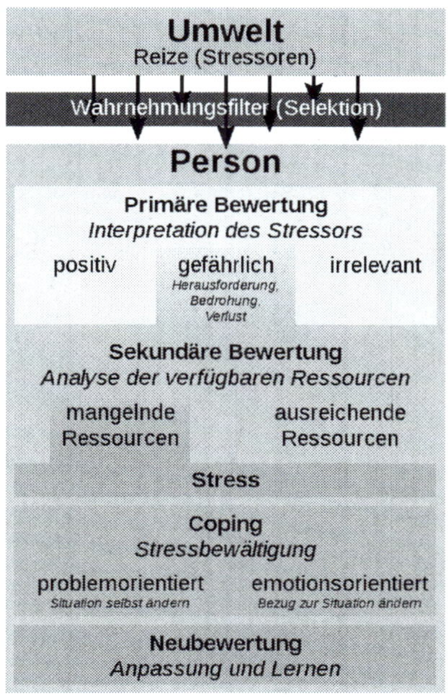

Quelle: Philipp Guttmann, 16.10.2016, https://upload.wikimedia.org/wikipedia/commons/f/ff/Stressmodell_-_Lazarus.svg, unverändert

1.4.8 Störungsbilder nach dem ICD-Code

Störung	Merkmale
Depression	• Symptome: - Antriebslosigkeit - Niedergeschlagenheit - Traurigkeit - Schuldgefühle - Schlafstörungen - Appetitlosigkeit • die Lebensqualität ist stark beeinträchtigt • Depressionen werden oft nicht diagnostiziert • es leiden etwa doppelt so viele Frauen wie Männer an Depressionen • kognitive Triade: depressive Menschen bewerten sich selbst, die Umwelt und die Zukunft in negativer Weise • dadurch resultieren typische Denkfehler (…) - Situationen werden übergeneralisiert, d.h. allgemeine Regeln werden auf unähnliche Situationen angewandt und daraus willkürlich negative Schlussfolgerung gezogen - Personen übertreiben bei schlechten Dingen und unterschätzen ihre eigenen Fähigkeiten bzw. Besitz in ihrem Leben
wahnhafte Störungen	• Personen sind misstrauisch und bauen nur schwer Vertrauen auf • neutrale Handlungen anderer Personen werden direkt als Angriff gegen sie gewertet • sie agieren sehr feindselig • sie befolgen nur ihre eigenen Rechte und reagieren streitsüchtig, wenn man sie zurückweist
narzistische Persönlichkeitsstörung	• Symptome: - ständige Vorstellung grenzenlosen Erfolgs, Schönheit und Liebe - die Präsentation der eigenen Großartigkeit dominiert - ein übermäßiges Selbstgefühl - aus der erlebten Wertlosigkeit resultiert stärkerer Drang bzw. Tendenz zur Selbstüberschätzung • Folge: - überempfindliche Reaktion auf Kritik - Ausnutzen ihrer Beziehungen für eigene Ziele - Forderung nach ständiger Bewunderung und Aufmerksamkeit

<table>
<tr><th>Störung</th><th>Merkmale</th></tr>
<tr><td>Border-line Störung</td><td>• <u>Symptome:</u>
- massive Stimmungsschwankungen
- intensives Beziehungsleben
- Wechsel von Überidealisierung und Abwertung des Partners innerhalb kürzester Zeit
• <u>Folge</u>:
- Verlust der Impulskontrolle, was Selbstverletzung provoziert
- häufige Suiziddrohungen oder Suizidversuche</td></tr>
<tr><td>Schizo-phrenie</td><td>• diese Personen sind gleichgültig gegenüber sozialen Beziehungen
• ihr Freundeskreis ist minimal
• die größte Zeit am Tag wird alleine verbracht
• die emotionale Erlebnis- und Ausdrucksweise ist beeinträchtigt</td></tr>
<tr><td>somato-forme Störungen</td><td>• <u>Symptome:</u>
- körperliche Beschwerden ähneln häufig den Symptomen bekannter Krankheiten
- allerdings liegt keine organische Ursache vor
- dennoch sind Klienten überzeugt, dass ihre Beschwerden organisch verursacht werden
- Symptome führen zu einer psychosozialen Beeinträchtigung
- häufiger Arztwechsel
- Inanspruchnahme erfolgloser therapeutischer Maßnahmen</td></tr>
<tr><td>Zwangs-störung</td><td>• durch die Übertreibung von Gedanken wird zwanghaft Angst ausgelöst
• <u>Folge</u>:
- die Angst fördert das Verhalten, die eigene Handlung noch einmal zu kontrollieren
- damit wird die Angst negativ verstärkt
• <u>Beispiel</u>:
„Ich habe bestimmt vergessen, die Haustür abzuschließen, nun wird mir mein ganzer Schmuck geklaut, mein Mann wird mich umbringen“</td></tr>
<tr><td>posttrau-matische Belast-ungs-störungen (PTBS)</td><td>• Angststörung nach einem emotional besonders belastenden Erlebnis
• <u>Symptome:</u>
- Nachhallerinnerungen, in denen die grausamen Szenen mit starker Angst erneut erlebt werden (Flashbacks)
- Gefühl emotionaler Hilflosigkeit
- Schlafstörungen
- Konzentrationsprobleme
• <u>Beispiel</u>: Kriegsveteranen, Überlebende nach schwerem Autounfall</td></tr>
</table>

Störung	Merkmale
Panik-störung	• plötzliche Angstreaktion aus heiterem Himmel • Personen achten übertrieben auf ihre körperliche Empfindungen und nehmen diese schließlich übermäßig wahr • <u>Beispielhafter Teufelskreis</u>: - bei psychischer bzw. körperlicher Belastung schlägt das Herz schneller - es entsteht Furcht, die wiederum dazu führt, dass das Herz noch schneller schlägt, dadurch potenziert sich die Reaktion - Panik wird vor einem vermeintlichen Herzinfarkt, Hilflosigkeit oder Tod ausgelöst • <u>Symptome:</u> - starkes Herzrasen - Schwitzen - Atemnot - Schwindel - Derealisationserleben
Suchter-krankung	• stoffgebundene Sucht - Alkohol-, Medikamenten-, Drogen- und Nikotinabhängigkeit • stoffungebundene Sucht - Spielsucht, Internetsucht - Arbeitssucht, Essstörungen • <u>Folge</u>: - persönlichkeitsverändernde Wirkungen - Toleranzentwicklung
Ess-störung	• häufigste psychosomatische Erkrankung • <u>Einteilung:</u> - Magersucht (Anorexia nervosa) - Ess-Brech-Sucht (Bulimie) - Adipositas (Übergewicht, Binge-Eating-Disorder) • <u>Ursache</u>: - psychosoziale Faktoren führen zu unbewussten Lösungswegen - Ausweg, Flucht - Ersatz für verdrängte Gefühle

1.4.9 Verhaltenstypen in Krisen

Typ A-Verhalten	Typ B-Verhalten
• diese Personen sind gekennzeichnet durch (…) - einen ständigen Leistungsdruck - hohen Ehrgeizig - hohes Verantwortungsbedürfnis (keine Abgabe von Verantwortung) - große Bereitschaft zum vollen Einsatz bis zur völligen Verausgabung - hohes Kontrollbedürfnis - Zeitdruck und ein hohes Maß an Ungeduld - Gereiztheit, wenn geplante Dinge misslingen - hohes Potenzial an Feindseligkeit • Folge: - Vernachlässigung gesundheitserhaltender Aktivitäten wegen Zeitmangel - geringe finanzielle und soziale Anerkennung kann schnell zu körperlichen sowie psychischen Erkrankungen führen - allgemein haben diese Person ein erhöhtes Risiko an Herz-Kreislauferkrankungen zu erkranken	• diese Personen sind gekennzeichnet durch (…) - ein gesundes Ruhebedürfnis - aktive Suche von Erholung nach Verausgabung - zufrieden stellende, soziale Beziehungen, die sie in Krisensituationen abfangen • Folge: - gesundheitsbewusster Lebensstil - die Zeit wird sinnvoll investiert - allgemein höhere Lebenserwartung

Modell beruflicher Gratifikationskrisen

- der persönliche Einsatz und die dafür erhaltene Belohnung müssen in einem gesunden Verhältnis stehen

- Beispiele für Gratifikationen:
  - Lohn und Karriere
  - soziale Anerkennung
  - Freundschaften

- Beispiel:
  hohe Verausgabung im Beruf wird durch den Chef nicht honoriert, es entstehen Selbstzweifel und Anzeichen einer psychischen Störung

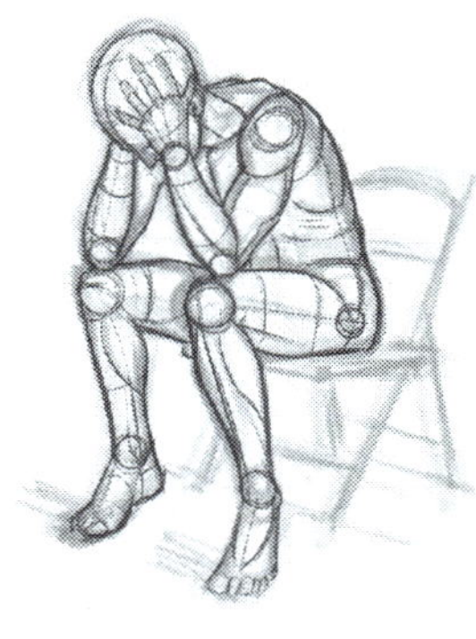

2. Einheit – Richtungen der Psychologie II

2.1 Lernen aus behavioristischer Sicht

2.1.1 Bild vom Menschen

behavioristisches Menschenbild (Watson, Skinner)

- das Handeln, die Gedanken und die Gefühle des Menschen werden vor dem Hintergrund von Umweltkräften erklärt, die das Individuum prägen:
  - das Gesetz des Lernens ersetzt die Persönlichkeitstheorien
  - die behavioristische Lerntheorie beobachtet nicht die inneren seelischen Vorgänge des Menschen

- der Mensch kommt als unbeschriebenes Blatt zur Welt (tabula rasa):
  - in seiner Umwelt ist er ein passives Wesen
  - die Umwelt beeinflusst seine Entwicklung

- der Lernende wird selbst zu einer "Black-Box":
  - Lernen erfolgt durch eine Reiz-Reaktions-Kette, d.h. auf bestimmte Reize folgen immer bestimmte Reaktionen
  - der Lernprozess ist dann abgeschlossen, wenn eine Reiz-Reaktions-Kette aufgebaut wurde, sodass der Lernende etwas Neues erlernt hat

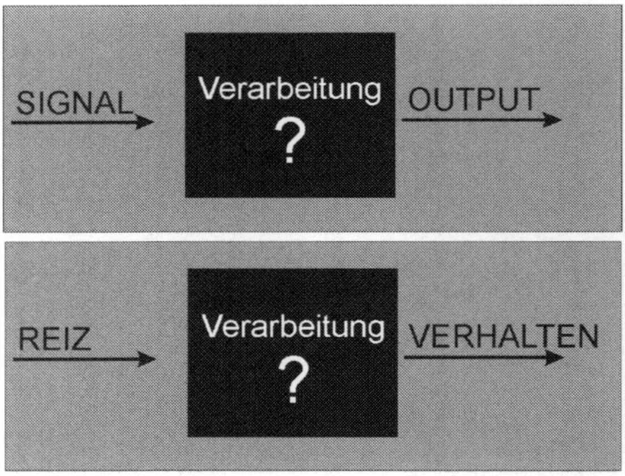

Quelle: Zoph, aus: https://upload.wikimedia.org/wikipedia/commons/6/6c/BlackBox.png; unverändert

2.1.2 Behaviorismus

Behaviorismus (John B. Watson)

- Ziel: Vorhersage und Kontrolle des Verhaltens
- Grundlage: Reiz-Reaktions-Modell
- Hauptaussagen:
  (1) Verhalten ist objektiv beobachtbar, mentale Zustände sind nicht messbar
  (2) die Funktionsweise von Verhalten basiert nur nach dem Schema Input (Reize) und Output (Reaktion)
  (3) Der Mensch kommt als unbeschriebenes Blatt zur Welt, steht unter der Kontrolle der Reize seiner Umwelt und kann seine Anpassung durch Lernprozesse verbessern

- Folge:
  - weil mentale Zustände nicht direkt zu erfassen sind, werden sie mittels derUntersuchung von Verhaltensweisen operationalisiert (≙ messbar gemacht)
  - Watson versucht den menschlichen Organismus als Maschine zu verstehen, in die man nicht hineinsehen kann ("Mensch als Black-Box")

- Beispiel: eine Person schließt das Fenster
  - das Verhalten ist objektiv messbar
  - die Gefühle der Person sind allerdings erst im Kontext der Verhaltensweise messbar (z.B. weil es zu warm oder zu kalt gewesen ist)

- Kritik: objektive Klassifizierung von Verhalten
  - aufgrund der verschiedenen Entwicklung eines Menschen kann die Verhaltensweise nie stets eindeutig mit einem konkreten Gefühl in Verbindung gebracht werden
  - es müssen vorher andere Personen gefragt werden, ob sie einen Reiz auch so wahrnehmen
  - man verlässt sich bei der Klassifizierung auf einen mentalen Zustand, d.h. die Wahrnehmung der Person (mangelnde Objektivität)

2.2 die behavioristische Theorie des klassischen Konditionierens

Lerntheorien — Theorien zur systematischen Erklärung von nicht beobachtbaren Lernprozessen

Konditionierung — Verstärkung einer Reaktion, die unter normalen Umständen nicht von statten gehen würde

2.2.1 Schema des klassischen Konditionierens 1. und 2. Ordnung

a) klassisches Konditionieren (Hunde-Beispiel nach Pawlow)

1. neutraler Stimulus (NS)
   → Reiz, der zu keiner bestimmten Reaktion führt z.B. Glockenton

2. unkonditionierter Stimulus (UCS) → hier: Futter
   → Reiz, der ohne vorangegangenes Lernen eine angeborene (unkonditionierte) Reaktion auslöst (hier: Speichelfluss)

3. konditionierter (bedingter) Reiz (CS)
   → ursprünglich neutraler Reiz, der aufgrund einer mehrmaligen Kopplung mit einem UCS eine konditionierte (gelernte) Reaktion bewirkt
   → CS = NS (Glockenton) + UCS (Futter)

4. konditionierte Reaktion (CR)
   → erlernte Reaktion (Speichelfluss), die allein durch den CS (Glockenton) ausgelöst wird

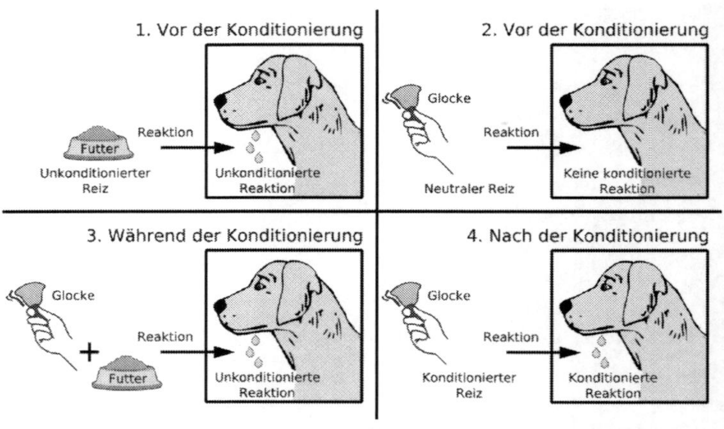

Quelle: Vincent Danet, MagentaGreen et. al., aus: https://upload.wikimedia.org/wikipedia/commons/d/d7/Pavlov%27s_dog.svg; unverändert

Konditionierung 1. Ordnung

UCS → UCR
NS → keine Reaktion
NS + UCS → UCR | mehrmaliges Wiederholen
CS → CR

Konditionierung 2. Ordnung

CS 1 → CR 1
NS → keine Reaktion
NS + CS 1 → CR1 | mehrmaliges Wiederholen
CS 2 → CR 2

Reiz	Reaktion
konditionierter Reiz (CS 1) Beispiel: Schwiegermutter	konditionierte Reaktion (CR 1) Beispiel: Furcht
neutraler Reiz (NS) Beispiel: Aufforderung	unspezifische, neutrale Reaktion (NR)
konditionierter und neutraler Reiz Beispiel: Schwiegermutter und Aufforderung	konditionierte, natürliche Reaktion (CR 1) Beispiel: Angst
konditionierter Reiz (CS 2) Beispiel: Aufforderung	konditionierte Reaktion (CR 2) Beispiel: Angst

2.2.2 Kontiguität

Kontiguität
Eine Konditionierung erfolgt erst, wenn der neutrale Reiz und der unbedingte Reiz mehrmals (zeitlich dicht) aufeinander treffen und räumlich nah beieinander liegen

Verstärkung
Kopplung von neutralem Reiz und unkonditioniertem Stimulus verstärkt die Assoziation

2.2.3 Reizgeneralisierung

Reizgeneralisierung
Die konditionierte Reaktion erfolgt ebenfalls auf Reize, die mit dem konditionierten Reiz Ähnlichkeit haben, aber vorher nicht mit dem unkonditionierten Reiz gekoppelt wurden

2.2.4 Reizdifferenzierung

Reizdifferenzierung:
der lernende Organismus kann zwischen dem konditionierten Reiz und einem ähnlichen Reiz unterscheiden und löst nur beim Erkennen des richtigen Reizes eine konditionierte Reaktion
→ Spezialisierung der gelernten Reaktion auf einen bestimmten Reiz

2.2.5 Extinktion

Löschung (Exinktion):
- wenn der konditionierte Reiz über eine längere Zeit nicht mehr in Verbindung mit der unkonditionierten Reaktion auftritt, wird die konditionierte Reaktion immer schwächer
- schließlich erfolgt die konditionierte Reaktion nicht mehr

Remission:
- spontane Wiederherstellung einer konditionierten Reiz-Reaktions-Verbindung
- Beispiel: nach vorheriger Löschung

2.2.6 Bedeutung für das Erlernen menschlicher Verhaltensweisen

Bedeutung des klassischen Konditionierens

- Erzieher sollen direkt nach dem Gesetz der Kontiguität reagieren
- Möglichkeiten der Konditionierung durch den Erzieher:
    1. Erzieher integriert Reize mit angenehmer Reaktion in seine Erziehung, um eine positive emotionale Reaktionen aufzubauen
    2. Umgekehrt können durch den Erzieher negativ emotionale Reaktionen aufgebaut werden, indem er seine Erziehung mit Reizen koppelt, die zu unangenehmen Reaktionen führen

- der Erzieher sollte vermeiden, selbst zu einem negativen Reiz für die Kinder zu werden z.B. durch zu viele Verbote
- der Erzieher muss sein eigenes Verhalten kontinuierlich kritisch hinterfragen

Habituation	Sensitivierung
Reiz löst Aktionspotentiale an der sensorischen Nervenzelle aus, der über ein Interneuron an eine motorische Nervenzelle weitergeleitet wird • mit zunehmender Wiederholung des gleichen Reizes, der sich als unbedeutend erweist, reduziert sich die Bereitschaft auf diesen Reiz zu reagieren • Grund: in der Präsynapse befinden sich immer weniger Vesikel mit Neurotransmittern	bei Wiederholung eines Reizes, wird die **Reaktion verstärkt** • wiederholter Reiz führt zur Aktivierung des Interneurons über die sensorische Zelle, das zu Veränderungen in der sensorischen Präsynapse führt

2.3 die behavioristische Theorie des operanten Konditionierens

operantes Konditionieren	Lernen durch Verstärkung, d.h. es finden solche Verhaltensweisen vermehrt statt, durch die der Organismus angenehme Konsequenzen erfährt, hingegen werden Verhaltensweisen mit unangenehmen Folgen beseitigt oder gänzlich vermieden
Gesetz der Bereitschaft (law of readiness)	das Lebewesen lernt nur, wenn dafür auch die Bereitschaft vorhanden ist. Grundlage bildet dafür ein Bedürfnis des Lebewesen, das die Motivation auslöst
Prinzip des Versuchs und Irrtums	es werden mehrere Verhaltensweisen ausprobiert, um ans Ziel zu gelangen
Effektgesetz	es werden aus den verschiedenen Verhaltensweisen nur die fortgesetzt, die dem Individuum auch auf Dauer befriedigende Konsequenzen liefern
Frequenzgesetz	ein erfolgreiches Verhalten wird erst durch eine gewisse Anzahl an Wiederholungen erlernt. Wird das Verhalten nur selten geübt, wird es wieder verlernt

2.3.1 Verstärkungslernen nach Skinner

Versuchsexperiment Skinners

- Ablauf:
  - Ratte 1 bekam Futter, wenn sie den Hebel betätigte
  - Ratte 2 konnte durch das Betätigen des Hebels den Strom abschalten, der durch das Bodengitter floss
  - Ratte 3 erhielt einen Stromschlag, wenn sie den Hebel betätigte

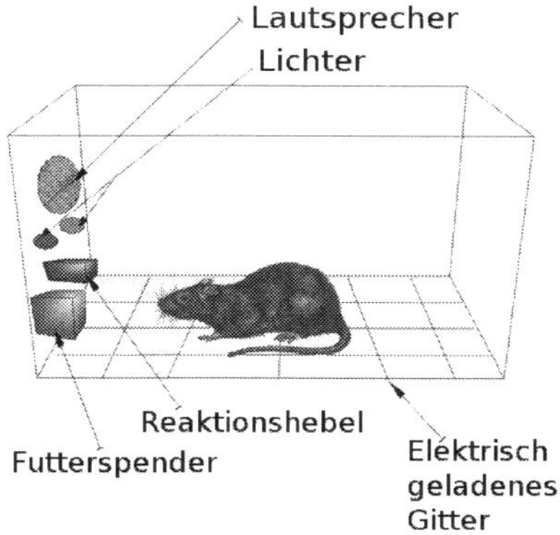

Quelle: V1nzorg aus: https://upload.wikimedia.org/wikipedia/commons/e/e6/Skinner_box_de.png; unverändert

- Beobachtung:
  - Ratte 1 und 2 betätigten nach mehreren Versuchen immer wieder den Hebel
  - Ratte 3 betätigte den Hebel nicht mehr

- Ergebnis:
  - die Ratten hatten gelernt, Verhalten mit angenehmen Konsequenzen (Futter bekommen, Strom abschalten) zu wiederholen
  - zudem wurde gelernt, unangenehme Konsequenzen (Stromschlag) zu vermeiden

  → das Verhalten (z.B. Strom abschalten) befriedigt das Bedürfnis und verstärkt das Verhalten

Methode:

- eine Verhaltensweise wird durch ihre Verstärkung erlernt (= Lernen durch Verstärkung bzw. Lernen am Erfolg)
- die aus der Verstärkung hervor gegangene Konsequenz bestimmt die Auftretenswahrscheinlichkeit des gezeigten Verhaltens

Verstärkungs- und Bestrafungsformen

Typ	Definition	Effekt	Beispiel
positive Verstärkung	Hinzufügen eines angenehmen Reizes, der zum erwünschten Verhalten führt	erwünschtes Verhalten tritt häufiger auf	Beförderung nach erhöhter Arbeitsleistung

Typ	Definition	Effekt	Beispiel
negative Verstärkung	Vermeidung eines unangenehmen Reizes führt zu erwünschtem Verhalten	erwünschtes Verhalten tritt häufiger auf	langsames Autofahren, um nicht angehalten zu werden
positive Bestrafung	Zufügen eines unangenehmen Reizes nach erwünschtem Verhalten	unerwünschtes Verhalten tritt seltener auf	die Treppe hinunter rennen und sich dabei ein Bein brechen
negative Bestrafung	Entfernen des angenehmen Reizes nach unerwünschter Verhaltensweise	unerwünschtes Verhalten tritt seltener auf	Kritik am gekochten Essen, sodass Freundin/Freund nicht mehr kocht

Verstärker

- die aus dem Verhalten resultierende Konsequenz, die die Auftretenswahrscheinlichkeit des Verhaltens erhöht

- primärer Verstärker:
  Konsequenzen bzw. Reize, die biologische Bedürfnisse befriedigen und daher von Natur aus eine Verstärkung bewirken, z.B. Wasser, Nahrung, Schlaf

- sekundärer Verstärker:
  konditionierte Verstärker, die konditionierte Reize befriedigen z.B. Urlaub nach langem Arbeitsintervall

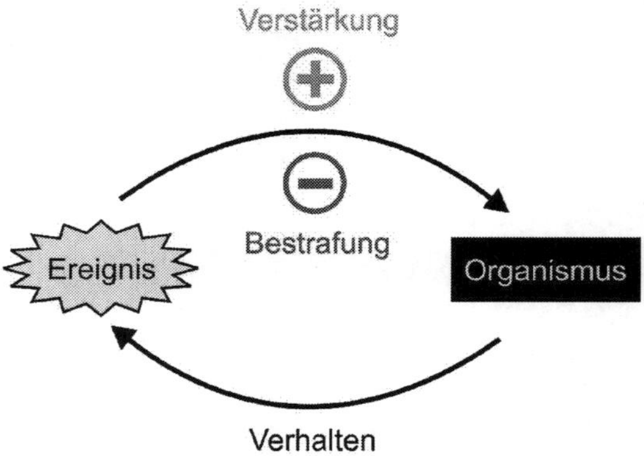

Quelle: OnkelDagobert aus: https://upload.wikimedia.org/wikipedia/commons/d/dc/Operante_konditionierung.jpg; unverändert

2.3.2 Verstärkungslernen nach Thorndike

operantes Konditionieren nach Thorndike

Versuchsexperiment:

- Thorndike baute ein Gefängnis für Katzen (sog. Problemkasten)
- im Problemkasten befanden sich mehrere Hebel
- das Betätigen eines der Hebel öffnete die Tür, um aus dem Gefängnis zu entkommen und an das Futter zu gelangen
- nach einiger Zeit betätigte das Tier zufällig den richtigen Hebel und gelangte in die Freiheit
- danach gelang es der Katze bei jedem weiteren Versuch immer schneller, den richtigen Hebel zu betätigen
- nach weiteren Wiederholungen konnte die Katze den Hebel sofort betätigen

Ergebnis:

- zunächst ist die Katze unzufrieden über ihren Freiheitsentzug gewesen (Kreischen, Kratzen und Beißen) und versuchte daher wahllos dem Gefängnis zu entkommen
- durch zufälliges Verhalten, das zu positiven Effekte führte, wurde dieses wiederholt durchgeführt
  → Verhalten orientiert sich an den damit erreichten Effekten

2.3.3 Bedeutung für das Erlernen menschlicher Verhaltensweisen

Verstärkerpläne

1) kontinuierliche Verstärkung:
   das erwünschte Verhalten wird kontinuierlich verstärkt, wenn es auftritt, sodass es schnell erworben wird. Allerdings wird es gleichermaßen schnell verlernt

2) intermittierende Verstärkung:
   bei gewünschtem Verhalten erfolgt die Verstärkung nur gelegentlich. Es zeigt sich ein stabileres Verhalten, die Aneignung dauert jedoch länger

3) differenzielle Verstärkung:
   während die erwünschte Verhaltensweise verstärkt wird, wird das unerwünschte Verhalten ausgeblendet

4) Shaping:
   komplexe Verhaltensweisen müssen schrittweise erworben werden. Dabei werden bereits systematisch die einzelnen Teilschritte auf dem Weg zum Endverhalten verstärkt
   (Methode: erfolgreiche Speicherung, dann nächste Lerneinheit)

Quotenverstärkung

- ist abhängig von der Reaktionsfähigkeit im Lernprozess
- Verstärkung einer Reaktion erfolgt nach einer Quote
  - Verstärkung nach einer festen Quote verstärkt (z.B. jede dritte Reaktion)
  - oder Verstärkung nach einer variablen Quote (z.B. durchschnittlich jede dritte Reaktion)

Intervallverstärkung

- Verstärkung einer Reaktion erfolgt nach Zeitintervallen
  - Verstärkung nach einem festen Intervall (z.B. nach 10 Minuten)
  - oder Verstärkung nach einem variablen Intervall (z.B. durchschnittlich alle 10 Minuten)

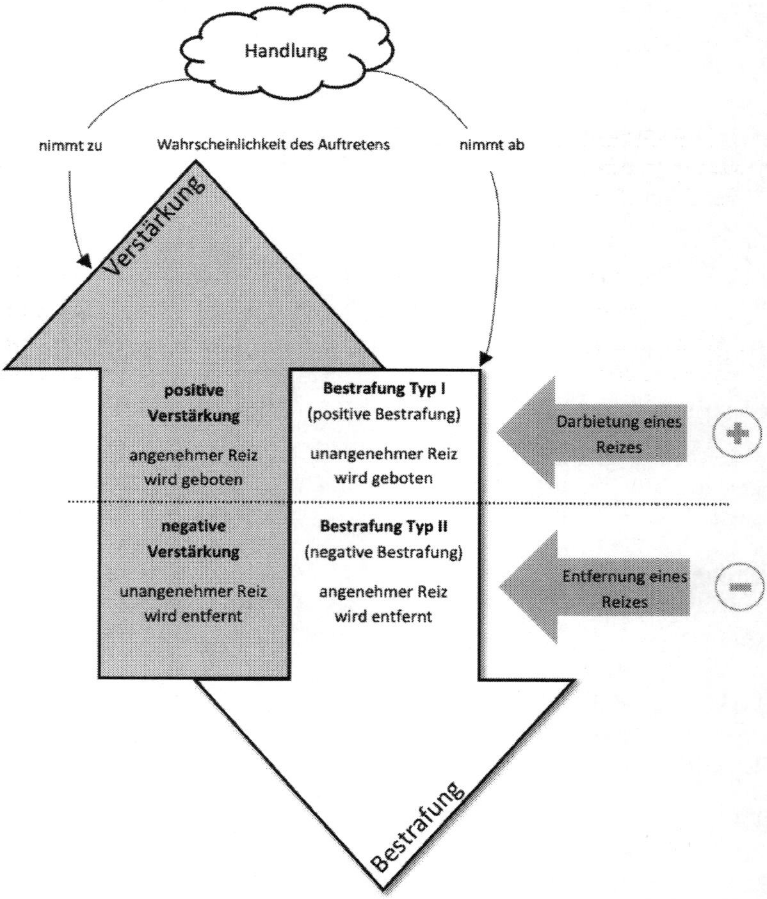

Quelle: Ralf Appelt aus: https://upload.wikimedia.org/wikipedia/commons/6/68/Operanteskonditionieren.png; unverändert

Grundsätze für den Einsatz von Verstärkern

- Verstärker dürfen vom Erzieher nur in Maßen eingesetzt werden
  → Grund: Gefahr der Sättigung oder Abhängigkeit

- Gebrauch von Verstärkern:
  - abwechslungsreicher Einsatz von Verstärkern, sodass der Effekt auf das Verhalten erhalten bleibt
  - Verstärker sollten authentisch und realitätsbezogen wirken
  - neben materiellen Verstärker sollen auch verbale und non-verbale Verstärker gewählt werden
  - Verstärker sind situationsabhängig (angemessen) zu nutzen
  - Verstärker sind personenabhängig (Entwicklung, Alter, Geschlecht) zu gebrauchen
  - Gesetz der Kontiguität: Verstärker haben stets eindeutig inhaltlichen und zeitlichen Bezug zum gezeigten Verhalten
  - Verstärker sind gesundheitsfördernd einzusetzen

- Erzieher sollten sich folgendermaßen verhalten, dass (…)
  - sie entsprechende Lernanreize wecken, damit der Lernende auch die Bereitschaft zeigt, das gewünschte Verhalten anzunehmen
  - sie die Bedürfnisse berücksichtigen, da nur dann ihre Verhaltenskonsequenzen verstärkend wirken (→ relative Verstärker)
  - sie die Gegenkonditionierung von unerwünschtem Verhalten nur durch Nichtverstärkung erreichen, währenddessen sollte sie alle Ansätze erwünschten Verhaltens sofort verstärken (→ differentielle Verstärkung)

2.3.4 Vergleich und Bewertung der behavioristischen Theorien

Vergleich: klassische und operante Konditionierung

klassisch	operant
• Neuverknüpfung eines Reizes (neutralen Stimulus) mit einem Reiz der eine unkonditionierte (angeborene) Reaktion auslöst • wiederholte Kopplung eines neutralen Reizes mit dem unkonditionierten Reiz • Beispiel Pawlow: unkonditionierte Reaktion: Speichelfluss des Hundes beim Anblick von Futter, Kopplung des Futters mit Glockenton (neutraler Reiz) → nach einiger Zeit: Absonderung von Speichel nur durch Darbietung des Glockentons (konditionierte Reaktion)	• ursprünglich spontanes Verhalten wird je nach zufälligen Erfahrung (Belohnung; Bestrafung) zielgerichtet verstärkt oder vermieden • Beispiel Skinner: Verhalten mit angenehmen Konsequenzen (Futter bekommen, Strom abschalten) wurde durch die Erfahrungen der Ratten gelernt zu wiederholen. Hingegen wurde erkannt, dass unangenehme Konsequenzen (Stromschlag) zu vermeiden sind

Kritik der behavioristischen Theorien

Stärken	Risiko und Grenzen
Pädagogischer Optimismus: • Verhalten kann sich durch Einwirken prinzipiell verändern • Grundlage der Verhaltenstherapie Wirkungsweise von kognitiven Themen: • erklärt Dinge, die auf andere Art und Weise unerklärbar sind • Vereinfachung des Lern- und Erziehungsprozesses Anwendbare Forschungstheorien: • ständige Ausrichtung am Ideal naturwissenschaftlichen Erforschens • zeigt hohe Objektivität (Gütekriterium)	individuelle Anlagen und Reifungsprozesse werden mangelhaft berücksichtigt: • innere kognitive Vorgänge werden ignoriert (unwissenschaftlich) • Gene und Gefühle lösen individuelle, unberechenbare Reaktionen Übertragung der Erkenntnisse aus Tierversuchen auf menschliches Verhalten: • menschliches Handeln entspricht nicht dem des Tieres • menschliche Verhaltensweisen werden nicht immer in der gleichen Weise beeinflusst mehr Symptomlinderung als Ursachenbehebung: Psychologie greift biologische Grundlagen nicht gut genug auf

2.4 verhaltenstherapeutische Möglichkeiten der Konditionierungstheorien

Repressoren	Personen, die ihre Ängste unterdrücken
Sensitizer	Personen, die sich intensiv mit ihren Ängsten und den Auslösern befassen

2.4.1 Verhaltenstherapie

Verhaltensanalyse nach dem SORKC-Modell

Unterteilung des psychischen Verhaltens in (…)

Dimension	Ermittlung
S (Stimulus)	• Welcher Faktor löst das Verhalten aus? • Wann und wo tritt das Verhalten auf?
O (Organismus)	• Was empfindet und denkt die Person?
R (Reaktion)	• Was macht die Person nach der auslösenden Situation und aufgrund seiner Lerngeschichte?
K (Kontingenz)	• Wie werden die aus dem Verhalten resultierenden Folgen wahrgenommen?
C (Konsequenz)	• Gibt es durch die Folgen der Verhaltensweise einen Krankheitsgewinn oder nur ungünstige Konsequenzen für die Person?

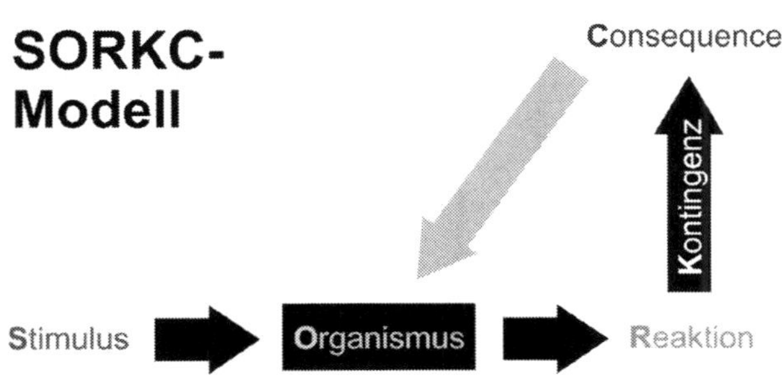

Quelle: OnkelDagobert aus: https://https://upload.wikimedia.org/wikipedia/commons/8/8b/Sorkc.jpg; unverändert

kognitive Verhaltenstherapie nach Beck

- das Verfahren ist gegenwartsorientiert und lehnt unbewusste und damit analytische Vorgehensweisen ab
- Ziel:
    - Konfrontation mit dem Stimulus, der das problematische Verhalten auslöst
    - Feststellung negativer Annahmen und verzerrter Interpretationen
    - diese Situationen werden infrage gestellt und durch alternative Sichtweisen ersetzt
- Mittel der kognitiven Verhaltenstherapie bei Depressionen (…)
    - Aufbau sozialer Kompetenzen
    - Veränderung automatisch entstehender Gedanken
    - Infragestellung irrationaler Gedanken
    - Training angenehmer Aktivitäten
    - externale Attribution von Misserfolgen
    - Ableiten von konstruktiven Lösungen für Probleme

Techniken des verhaltenstherapeutischen Ansatzes

Mittel	Erklärung
kognitive Umstrukturierung	das negative, selbstzerstörerische oder hemmende Weltbild soll durch eine friedliche und positive Wahrnehmung ersetzt werden
Empowerment, Verhaltens-kompetenz	die Person soll den Alltag durch eigene Stärken unabhängig bewältigen
Gegenwarts-orientierung	der Fokus liegt auf dem Bewältigen von aktuellen Problemen und dem Zurückblicken in die Vergangenheit oder dem Ausmalen der Zukunft
Aufbau der Selbstkontrolle	die Person kann ihre Gefühle und Verhalten selbst steuern

2.4.2 Anwendungsgebiete

kognitiv-verhaltenstherapeutische Verfahren der Schmerzkontrolle

- imaginative Techniken:
  diese Fähigkeit wird einstudiert und in Situationen angewendet, um die Schmerzwahrnehmung zu überwinden
  z.B. geleitete Hypnose

- Selbstverbalisierungen:
  sollen ermutigen und werden im Rahmen eines Selbstinstruktionstrainings eingeübt

- Entspannungstechniken

- Bio- feedback:
  Person dokumentiert seinen Zustand, um selbst eine Besserung zu beobachten, die ihn motivieren soll, den Schmerz besser zu bewältigen

operante Strategien bei der Therapie chronischer Schmerzen

- Aktivitätstraining, um Schonhaltungen abzubauen
- verbindliche Vereinbarungen mit sich selbst abschließen, um motorische und soziale Aktivitäten zu fördern
- medikamentöse Einstellung sollen auch in schmerzfreien Intervallen erfolgen
- Arztbesuch soll auch dann stattfinden, wenn der Schmerz erträglich ist

2.4.3 Gegenkonditionierung

Gegenkonditionierung

- mehrmalige zeitlich-räumliche Kopplung eines Reizes mit unerwünschter Reaktion mit einem Reiz, der eine angenehme Reaktion erzeugt
- Gegensätzliches hebt sich auf
- Beispiel:
  positive, angenehme Vorstellung in einer angstauslösenden Situation

Reiz	Reaktion
konditionierter Reiz (CS 1) Beispiel: Höhe	konditionierte Reaktion (CR 1) Beispiel: Angst
neutraler Reiz (US) Beispiel: Bild der Freundin	natürliche Reaktion (UR) Beispiel: angenehmes Gefühl
Höhe und Bild der Freundin (CS 1 und US)	angenehmes Gefühl (UR)
Höhe (CS 2)	angenehmes Gefühl (CR 2)

2.4.4 systematische Desensibilisierung

systematische Desensibilisierung

- Ziel: Behandlung von Ängsten, Unruhen oder Ekelreaktionen
  (z.B. Höhenangst, Spinnen- oder Klaustrophobien)

- Ablauf:
  - Gliederung der angstauslösenden Faktoren nach ihrer Intensität (Angsthierarchie)
  - intensives Entspannungstraining zu Beginn
  - anschließend erfolgt die unmittelbare Konfrontation mit den realen Angstsituationen
    oder zunächst die sukzessive Annäherung an den angstauslösenden Reiz
  - der Klient gewöhnt sich durch die kontinuierliche Darbietung an den Angstfaktor
  - beste Ergebnisse zeigen sich jedoch, wenn die Person unmittelbar mit dem Reiz konfrontiert ist (z.B. auf einen Turm steigen bei Höhenangst)

- Besonderheit: Gegenkonditionierung erhöht die Effektivität

- Beispiel:
  - zunächst Entspannungstraining einzelner Muskelgruppen durch Kontrolle über Spannung und Entspannung
  - Angsthierarchie aufstellen in 10er Schritten von 0-100 für die jeweiligen Angstszenerien (von harmlos bis furchteinflößend)
  - Es wird so oft eine Stufe wiederholt bis sie keine Angst mehr auslöst und erst dann wird in die nächste übergegangen
  - abschließend Anwendung in der Realität

2.4.5 Flooding

Reizüberflutung (Flooding)

- der Reiz wird wöchentlich ein bis zwei Mal in einer Sitzung dargeboten
- dann erfolgt eine Konfrontation in der Realität bis die Angst erloschen ist
- durchschnittliche Dauer: ca. 5 Wochen
- nach Abschluss erfolgt stets die Darbietung des Reizes, sodass die Erregung auf einem Maximum erhalten bleibt
- erst später entfernt sich der Therapeut vom Klienten

2.4.6 Übertragung und Gegenübertragung

Übertragung

- Prozess, bei dem Gefühle aus einem unbewussten Konflikt (z.B. Erlebnis mit Person) auf den Therapeuten übertragen (projiziert) werden

- Positive Übertragung:
  - Projektion von positiven Anteilen früherer Beziehungen
  - Beispiel: Vertrauen, Glück, Liebe

  - Vorteil:
    Therapeut kontrolliert das Über-Ich, woraus sich die Möglichkeit zur Nacherziehung ergibt

  - Nachteil:
    großes Maß an Aufmerksamkeit und Verantwortung des Therapeuten, aufgrund der neuen Abhängigkeit und Erwartung des Klienten

- negative Übertragung:
  - Projektion von negativen Anteilen früherer Beziehungen
  - Beispiel: Ablehnung, Misstrauen
  - Nachteil: Therapeut kann oft nicht den Ansprüchen des Klienten gerecht werden

Gegenübertragung

- durch die Übertragung des Patienten werden beim Therapeuten Gefühle und Handlungsimpulse ausgelöst
- Therapeut muss die Gegenübertragung erkennen und sich davon distanzieren, um besser in den Klienten einzutauchen und Sinn der freien Assoziationen zu verstehen

- Ziel: emotionale Aufarbeitung des inneren Konfliktes

2.5 sozial-kognitive Theorie nach A. Bandura

2.5.1 Bild vom Menschen

sozial-kognitives Menschenbild

- menschliches Denken und Handeln wird durch unsere Wahrnehmung und Überzeugungen gesteuert
- Handlungen werden erst dann ausgeführt, wenn man davon überzeugt ist
- Verhalten entsteht durch das Wechselspiel aus Interaktion und seinen Determinanten (aus der Wahrnehmung, Umwelt, Verhalten)
- reziproker Determinismus:
    - das Individuum und seine Umwelt determinieren einander wechselseitig, d.h. die Umgebung verändert das menschliche Denken und gleichermaßen verändert der Mensch durch seine Mechanismen der Selbstkontrolle die Umgebung
    - damit sind die Persönlichkeitsfaktoren und Umweltfaktoren ineinander verschränkt
    - je nach Situation üben die Faktoren ihren relativen Einfluss auf die Verhaltensweise aus

Lernen am Modell – die 4 Phasen nach Bandura

- im Sinne des Modelllernens (Modelling-Effekt) kann ein Verhalten auch stellvertretend durch Beobachtungen erlernt werden
- das Individuum muss daher die Konsequenzen des Verhaltens nicht selber erleben, um ein Verhalten zu übernehmen
- Kinder lernen bereits zahlreiche Dinge von ihren Eltern oder Geschwistern durch reines Abgucken
- unsere Einstellungen und Verhaltensweisen ergeben sich ebenso aus dem Durchschnitt unserer engsten Freunde und Familienmitglieder

2.5.2 Phasen und Prozess

Verhalten des Modells

↓

Aufmerksamkeitsprozess

↓

Gedächtnisprozess

↓

Reproduktionsprozess

↓

Motivations- und Verstärkungsprozess

↓

dauerhafte Nachahmung des beobachteten Verhaltens

a) Aneignungsphase (Kompetenz, Akquisition)

1. Aufmerksamkeitsprozess:
   das Individuum beobachtet Verhaltensweisen seiner Mitmenschen, die für ihn vorteilhaft sind

2. Gedächtnisprozess:
   das beobachtete Verhalten kann als konkretes oder sprachliches Bild umgeschrieben und in Gedächtnisstrukturen gespeichert werden

b) Ausführungsphase

3. Reproduktionsprozess:
   Ausführung (Reproduktion) des Gelernten durch Abrufen der Gedächtnisinhalte (abhängig von Kreativität, Vorstellungsvermögen und Geschicklichkeit)

4. Verstärkungs- und Motivationsprozesse:
   die Ausführung des Gelernten hängt von der Motivation des Beobachters ab. Nur wer sich vom Durchführen einer beobachteten Verhaltensweise einen Erfolg verspricht, entfaltet auch diese Aktivität. Durch Belohnung und Lob wird das Verhalten verstärkt. Im Vergleich zum Behaviorismus dient die Motivation nicht zum Erlernen des neuen Verhaltens, sondern fördert lediglich die Verhaltensausführung

2.5.3 Bedingungen

folgende Personen werden besonders beobachtet (…)

- Menschen mit sozialer Macht, die belohnen oder bestrafen können
- bewundernswerte, sympathische und attraktive Menschen
- Menschen mit hohem Ansehen
- Menschen, die mit ihrem Verhalten Erfolg haben
- Menschen die Bedürfnisse des Lernenden befriedigen können
- Menschen, die zum Beobachter eine positive emotionale Beziehung haben
- Menschen, die Ähnlichkeit gegenüber dem Beobachter zeigen

Ergebniserwartungen	bestimmte Konsequenzen, die sich eine Person vom Nachahmen einer Verhaltensweise verspricht
Kompetenzerwartung	die subjektive Einschätzung des Beobachters über seine Kompetenzen (Fähigkeiten), welche er zum Nachahmen eines Verhaltens benötigt
Aussicht auf Selbstbekräftigung	Erwartungen an eine positive Selbstbewertung beim Zeigen eines nachzuahmenden Verhaltens, was schließlich zur Selbstbelohnung (Zufriedenheit) führt
Selbstregulierung	die Fähigkeit von Menschen, sich für bestimmte Ziele (dauerhaft) zu motivieren und daraus Strategien zu entwerfen, wie sie ihr Verhalten entsprechend anpassen müssen, um dieses Ziele zu erreichen
Modelllernen durch Gewaltszenarien	das häufige Beobachten von Gewalttaten erhöht das Potential zur Nachahmung bzw. die Enthemmung gegenüber diesem Verhalten

2.5.4 Bekräftigung und Motivation

Art der Bekräftigung in der sozial-kognitiven Theorie

- externe Bekräftigung:
  - eine Person erfährt selbst die angenehmen Konsequenzen seines Verhaltens bzw. die Vermeidung einer negativen Folge
  - die Wahrscheinlichkeit das gleiche Verhalten zu zeigen, ist erhöht

- stellvertretende Bekräftigung:
  - Menschen beobachten eine andere Person, die ihrerseits angenehme Konsequenzen erlebt bzw. unangenehme Konsequenzen durch ihr Verhalten vermeidet
  - der Beobachter neigt dazu, das Verhalten selbst nachzuahmen

- direkte Selbstbekräftigung:
  - Personen legen für sich bestimmte Verhaltensstandards fest und belohnen sich selbst nach dem erreichten Verhalten (Selbstlob)
  - dadurch schaffen sie es, sich dauerhaft dafür zu motivieren, dass Verhalten auch weiterhin auszuführen
  - z.B. kleines Stück Schokolade nach dem Sport

- stellvertretende Selbstbekräftigung:
  - Menschen beobachten eine andere Person, die sich selbst für ihre Verhaltensweise belohnt
  - der Beobachter neigt dazu, das Verhalten selbst nachzuahmen

2.5.5 Effekte des Modelllernens

Effekte des Modelllernens

1) modellierender Effekt:
der Mensch lernt am Modell für ihn unbekannte (neue) Einstellungen und Verhaltensweisen gegenüber Personen, Objekten und Sachverhalten, z.B. Normen, Stereotypen, Gefühle, Bedürfnisse

2) auslösender Effekt:
durch das Verhalten eines Modells tendieren andere Menschen dazu, dieses direkt nachzuahmen

3) hemmender Effekt:
bereits erlerntes Verhalten kann stets durch Erfahrungen verändert werden. Beispielsweise sinkt die Bereitschaft für ein Verhalten, bei dem das Modell negative Konsequenzen zeigt

4) enthemmender Effekt:
die Bereitschaft des Beobachters für ein bereits erlerntes Verhalten wird durch Belohnung oder Ausbleiben von negativen Konsequenzen (des Modells) erhöht

2.5.6 Bedeutung der sozial-kognitiven Theorie

Lernen von Gewalt

- bestätigter Zusammenhang zwischen Konsum von Gewalt (z.B. in Medien) und der familiären Situation (Wirkungsrisiko)

- die Ausprägung von Jugendgewalt wird durch folgende Faktoren gefördert:
  - kontinuierlicher und häufiger Konsum von Gewalt
  - je stärker und häufiger der Konsum von Gewalt, desto größer ist die Wahrscheinlichkeit aggressive Verhaltensweisen auszubilden
  - soziale Benachteiligung und Gewalt in der Familie
  - vernachlässigende bzw. permissive Erziehung mit Gewalt
  - Ausgrenzung und schlechte Zukunftschancen
  - antisoziales Umfeld z.B. kriminelle Freunde
  - Nachspielen von Gewaltszenen in einer persönlichen Rolle z.B. Ego-Shooter

Bedeutung der sozial-kognitiven Theorie für die Erziehung

- der Erzieher fungiert als Modell (Vorbildfunktion)
- der Erzieher kann reale Modelle einsetzen
- der Erzieher arbeitet mit symbolischen Modellen

Lernen durch Einsicht – kognitive Lerntheorie

durch Nachdenken werden unbekannte Problemsituationen erkannt

Phase	kognitive Lerntheorie
1. **aufkommendes Problem**	• Diskrepanz zwischen Ist-und Soll-Zustand • Folge: Spannung (Motivation) zur Veränderung
2. **Problemverhalten**	• Ausprobieren bekannter Handlungsstrategien • Misserfolge zwingen zur Handlungspause
3. **Umstrukturierung**	• Umstrukturierung der Handlungsplanung durch Nachdenken
4. **Einsicht und Lösung**	• sinnvolle Ausarbeitung eines Plans zum Erreichen des Ziels
5. **Anwendung**	• Beibehaltung der Strategie bei erfolgreichem Feedback („never change a running system“)
6. **Übertragung**	• konsequente Ausführung der gefundenen Strategie • Übertragung auf ähnliche Problemsituationen

Theorie der gelernten (erlernten) Hilflosigkeit nach Seligman

- Hilflosigkeit wird erlernt, wenn das Individuum den Eindruck entwickelt, dass es auf die Konsequenzen seines Verhaltens keinen Einfluss hat
- folgende Konsequenzen können zur erlernten Hilflosigkeit führen:
  - emotionales Defizit bzw. depressive Stimmung (Antriebs- und Freudlosigkeit)
  - neurobiologische Veränderungen z.B. Verringerung des Serotoningehalts im ZNS (u.a. bei depressiven Menschen)
  - Passivität
  - Angst vor Kontrollverlust bzw. Scheitern in zukünftigen Situationen
  - Begründung von Misserfolgen durch eigenes Versagen
  - keine zielgerichtete Aktivität (motivationales Defizit)
  - Lernen von aktivem Vermeidungsverhalten (kognitives Defizit)

Quelle: Rose M. Spielman; online: https://upload.wikimedia.org/wikipedia/commons/9/9c/Shuttle_Box_Dog_Orange.png; verändert

2.5.7 Spiegelneuronen

Wirkungsweise

- Spiegelneuronen sind Nervenzellen im Gehirn, die aktiv werden, wenn der Mensch eine emotionale Situation beobachtet

- Beispiel:
  - eine Person beobachtet einen anderen Klienten, der im Arztzimmer durch den Spritzenstich stark aufschreit
  - er projiziert diese Situation auf den eigenen Körper, sodass er bereits vor seiner eigenen Impfung Schmerzen empfindet

- Gefühle und Emotionen anderer Menschen werden auf den eigenen Körper übertragen, es entsteht die Fähigkeit, Verhaltensweisen intuitiv zu deuten und auf diese im Vorfeld zu reagieren

- Folge:
  - Empathiefähigkeit bzw. die Fähigkeit des Einfühlens
  - Fähigkeit des Mitleidens: Sympathie, sich eine andere Perspektive eigen zu machen

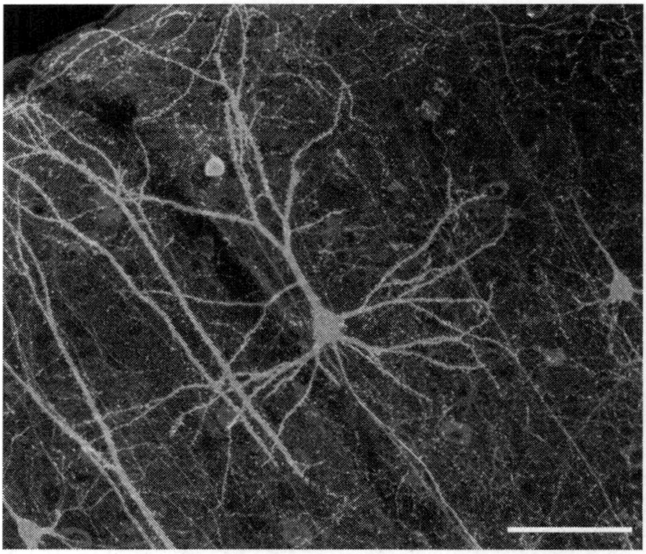

Quelle: Hayden Huang et. al.; aus https://upload.wikimedia.org/wikipedia/commons/d/dc/PLoSBiol4.e126.Fig6fNeuron.jpg; unverändert

2.5.8 Hirnforschung

Lateralisierung

- die Koordination gewisser körperlicher und geistiger Funktionen findet überwiegend durch eine der beiden Hemisphären (Hirnhälften) statt

- **Beispiele**:

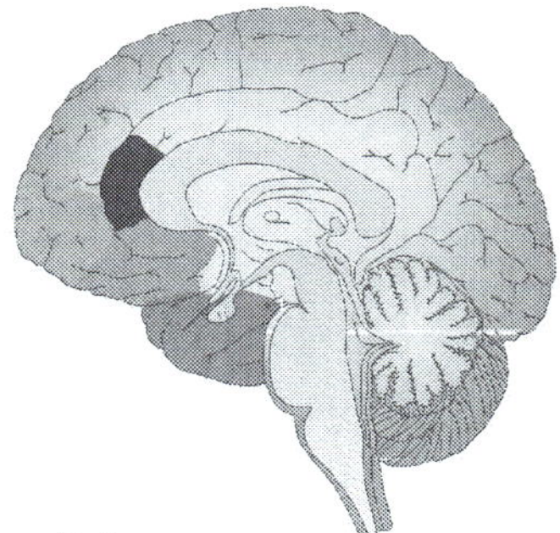

  - Frontallappen:
    Feststellung von Regeländerungen

  - Präfrontaler Kortex:
    rationale Planung und Ausführung von Handlungen
    Ursprung der Bewegungskoordination

  - Rechte Hirnhälfte:
    Gesichtswahrnehmung, musikalische und räumliche Verarbeitung, Wahrnehmung v.a. negativer Gefühle

  - Amygdala:
    emotional, unbewusste Bewertung von Situationen oder Gesichtsausdrücken, die Angst auslösen

  - Kleinhirn:
    sensomotorische Koordination von Bewegungen und Haltefunktionen

Neuronale Plastizität

- kommt es zu einem Ausfall bestimmter Gehirnregionen, können weitere Nervenzellen das entstandene Defizit ggf. wiederherstellen (Anpassungsleistung des Gehirns)
- dieser Effekt wird für das neuropsychologische Training ausgenutzt
- ist eine Hirnregion stark und dauerhaft beansprucht, kann dort eine Volumenvergrößerung wahrgenommen werden, z.B. kann der für die Lernprozesse relevante Hippocampus bei Schülern und Studenten im Vergleich zur Norm vergrößert sein

3. Einheit – Entwicklung über die Lebensspanne

Entwicklungspsychologie

Veränderungen im menschlichen Erleben und Verhalten im Laufe des gesamten Lebens (nicht nur Entwicklung bis zum Erwachsenen). Jeder Lebensabschnitt stellt den Menschen vor neuen Herausforderungen, aus deren erfolgreichen Bewältigung er heraus wächst

Entwicklungsaufgabe

Anforderungen, welche in gewissen Lebensabschnitten auftreten und bewältigt werden müssen

<u>sie ergeben sich aus drei unterschiedlichen Bedingungen</u>:

1. den persönlichen Zielsetzungen und Wertvorstellungen einer Person
2. der körperlichen Reife einer Person
3. den Erwartungen der Gesellschaft

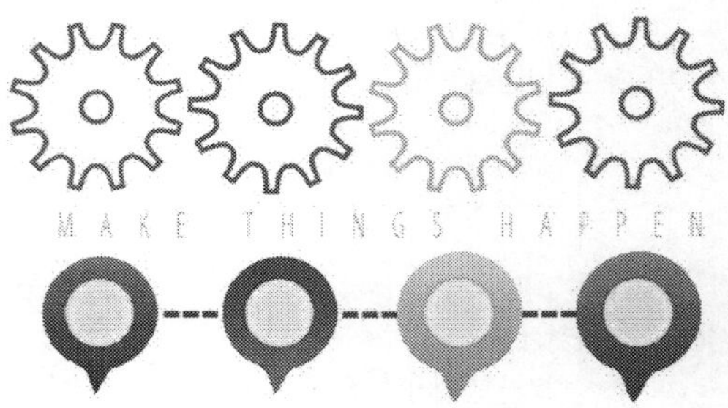

3.1 Grundlagen der Entwicklungspsychologie

3.1.1 Merkmale der Entwicklung

Merkmale der Entwicklung

1. Integration:
   - Vorgang, vorher isoliert erlebte Einzelteile und Funktionen zueinander in Beziehung zu setzen und diese als eine zusammenhängende Einheit, d.h. als Ganzes, wahrzunehmen
   - Beispiel:
     Kind reiht nicht mehr nur einzelne Wörter ohne Zusammenhang aneinander (Lallen), sondern setzt diese zueinander in Beziehung

2. Differenzierung:
   - Vorgang einer zunehmenden Konkretisierung psychischer und körperlicher Merkmale von einem globalen, ungegliederten Anfangszustand in einen verfeinerten, spezialisierten Zustand
   - Beispiel:
     zuvor unkontrollierte Bewegungen des Säuglings werden später durch gezielte und bewusst gesteuerte Bewegungsmuster ersetzt

3. Lebensaltersbezogenheit:
   - die Möglichkeit des Zuordnens von Veränderungen innerhalb der einzelnen Altersspannen
     → individueller Entwicklungsverlauf
   - Beispiel:
     Entwicklung des Gleichgewichtssinn ab 1. Lebensjahr, Wechseljahre

4. Zentralisation:
   - Vorgang, in welchem menschliche Handlungen vom Ungeplanten in bewusste Überlegungen und zielgerichtetes Planen übergehen
   - Beispiele:
     - vorher: zufällige Nachahmung einzelner Wörter
       → später: gezielte Sprachgestaltung
     - vorher: Reflexe, zufällige Bewegungen
       → später: bewusst gesteuerte Bewegungen

5. Kanalisierung:
   - Vorgang, in welchem sich gewisse Verhaltensweisen aus den verschiedenen menschlichen Verhaltensmöglichkeiten ergeben
   - Beispiele:
     - obwohl ein Kind im Laufe seiner Entwicklung mit vielen Wörtern konfrontiert wird, bildet es seinen eigenen Wortschatz
     - es gibt eine riesige Anzahl an möglichen Interessen, doch nur manche Interessen kristallisieren sich

6. Stabilisierung:
   - die Verfestigung von kanalisierten Verhaltensweisen zu Gewohnheiten, zu Fertigkeiten, zu Einstellungen und Werthaltungen, zu festen Meinungen oder zu Vorurteilen
   - Beispiele:
     - Schreiben, Lesen und Rechnen lernen
     - Lernen von Autofahren
     - Verfestigung bestimmter Einstellungen, Gefühle und Rollen

7. logische Reihenfolge (Irreversibilität):
   - die nicht umkehrbare Abfolge von Veränderungen im Laufe der Entwicklung
   - Beispiel: Entwicklung des Sprachvermögens

8. Entwicklungstempo:
   - die Entwicklung einzelner psychischer Fähigkeiten verläuft individuell
   - Beispiel: die Dauer und der Zeitpunkt des Laufen lernen ist individuell

3.1.2 Quer- und Längsschnittstudie

	Längsschnittmethode	Querschnittmethode
Definition	• die gleiche Stichprobe wird hinsichtlich ihrer Entwicklung über einen längeren Zeitraum hinweg begleitet und zu verschiedenen Zeitpunkten untersucht	• Untersuchung mehrerer Stichproben (verschiedenen Alters) zu einem bestimmten Zeitpunkt • Methode: Zufallsstichproben u. qualitativer Untersuchung (Befragung)
Beispiel	• Jahrgang 2005 wird auf seine Entwicklung hin untersucht, etwa alle 5 Jahre	• Zum gleichen Zeitpunkt: 2005, 2010, 2015 werden Jugendliche untersucht
Vorteile	• repräsentative, spezifische Information einer Gruppe • Aussagen über altersbedingte Entwicklung möglich	• geringer Aufwand • schnelle Überblicksergebnisse (alle Altersgruppen)
Nachteile	• hoher zeitlicher und finanzieller Aufwand • Dauer, d.h. Ergebnisse können erst später gewonnen werden • einige Probanden der Stichprobe scheiden aus (z.B. Tod oder Wegzug)	• nicht repräsentativ • keine Aussage über Entwicklungsverlauf möglich • Vergleich schwierig bei sich ständig ändernden Umwelteinflüssen (soziale und politische Bedingungen)

3.1.3 Faktoren der Entwicklung und ihre Wechselwirkung

Anlage

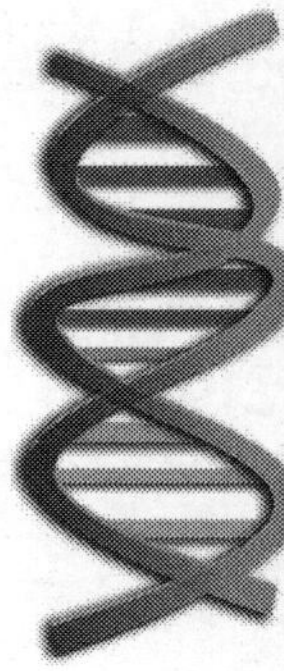

- die Anlage ist die genetische Ausstattung eines Lebewesens, die bei der Befruchtung festgelegt wird (= artspezifisches Entwicklungsprogramm)
- die Anlage entspricht dem endogenen Entwicklungsfaktor → Programm der Entwicklung

- die Anlage wird beeinflusst durch (…)
  - die Vererbung (Gene und Chromosomen)
  - die Bedingungen während der Schwangerschaft (Rauchen, Alkohol)
  - die Bedingungen während und nach dem Geburtsvorgang (Sauerstoffmangel)

- Entwicklung der Anlage:
  - (v)ererbt → Erbanlagen (Zellhaufen)
  - angeboren → erworbene Eigenschaften in der Entwicklung zum Säugling (während Schwangerschaft)
  - erworben → durch Umwelteinflüsse zustande gekommen

- Funktionen der Anlage:
  - dienen dem Entwicklungs- und Wachstumspotential
  - regulieren Vorgänge des Überlebens (z.B. Stoffwechsel)
  - Anpassung an Umwelteinflüsse (z.B. Ausschüttung von Adrenalin in Gefahrensituationen)

Gene — Abschnitte auf der DNA, die jeweils als Bauplan eines Proteins fungieren. Das Vorkommen und deren Aktivierung werden individuell vererbt bzw. gesteuert

Umwelteinflüsse

- umfasst alle unmittelbaren und indirekten Einflüsse, denen ein Individuum ab der Befruchtung der Eizelle (= Empfängnis) bis zu seinem Tod von außen her ausgesetzt ist
- die Umwelteinflüsse entsprechen den exogenen Entwicklungsfaktoren → Schrittmacher der Entwicklung

- zu den Umwelteinflüssen zählen die (…)
  - natürliche Umwelt (z.B. Ernährung, Luftqualität)
  - soziale Umwelt (z.B. Eltern, Freunde)
  - kulturelle Umwelt (z.B. Normen, Werte)
  - materielle Umwelt (z.B. Wohnverhältnisse)

- Wirkung
  - direkt (z.B. elterliches Verhältnis beeinflusst das des Kindes)
  - indirekt (z.B. gesunde Ernährung → erhöhte Lebenserwartung)

- Funktionen
  - beeinflussen die Entwicklung der genetischen Anlage
  - regen Reifungsvorgänge an
  - Bereitstellung von Reizen
    → vorbereitete Reaktionsmuster werden aufgrund der Anlage ausgelöst

Selbststeuerung

- alle Kräfte, mit denen das Individuum aus sich heraus Entwicklungsprozesse antreibt und seine Entwicklung steuert
- Selbststeuerung wird als autogener Faktor bezeichnet
  → Gestalter der Entwicklung

- der Mensch ist ein aktives und reaktives Wesen:
  - aktiver Kontakt mit seiner Umwelt
  - Aktivierung bestimmter Entwicklungsprozesse
  - Einfluss auf die körperliche und psychische Entwicklung

- Grundlage bildet die Wechselwirkung zwischen Anlage und Umwelt
- Selbststeuerung bildet die entscheidende Rolle bei der Entfaltung der individuellen Persönlichkeit

- Funktionen:
  - Streben nach Erhalt des physiologischen Gleichgewichts (Homöostase)
  - Streben nach Bedürfnisbefriedigung
  - Streben nach Stimulation (Neugier)
  - Streben nach Ruhe und Beruhigung

das Zusammenwirken der Entwicklungsbedingungen

Anlage, Umwelt und Selbststeuerung sind voneinander abhängig:

- sie lassen die Entwicklung des Menschen voranschreiten
- wird ein Teil verändert, verändert sich ein anderer Teil (Verschränkung)
- Mensch und seine Umwelt sind jeweils Teilsysteme, die zusammen das Gesamtsystem bilden
- durch Selbststeuerung kann jeder Mensch selbst bestimmen, wie er auf die Umwelt reagiert, welche Gene und Fähigkeiten gefördert oder vernachlässigt werden
- die individuelle Selbststeuerung basiert auf der genetischen Ausstattung, die wiederum von den Umwelteinflüssen gesteuert wird
- damit ist die Ausprägung der genetischen Ausstattung von den Umweltbedingungen sowie der Selbststeuerung abhängig
- die Selbststeuerung ist ebenso von der genetischen Ausstattung sowie den Umwelteinflüssen abhängig
- liegen die selben Anlagen und Umwelteinflüsse vor, entwickeln sich die Individuen dennoch in unterschiedlicher Weise wegen ihrer individuellen Selbststeuerung

Beispiele:

- die gleiche genetische Ausstattung und die gleiche Art und Weise der Selbststeuerung haben führen bei verschiedener Umweltbedingungen zu unterschiedlicher Entwicklung (z.B. eineiige Zwillinge, die unabhängig bzw. getrennt voneinander leben)

- gleiche Umwelteinflüsse und die gleiche Art und Weise der Selbststeuerung können bei unterschiedlicher Anlage verschiedene Wirkungen hervorrufen (z.B. nicht verwandte Personen, die sich aber im Verhalten sehr ähneln)

- die gleiche Anlage und die gleiche Art der Umwelteinflüsse, aber unterschiedliche Selbststeuerung lassen die Individuen verschieden entwickeln (z.B. eineiige Zwillinge entwickeln sich im Laufe ihres Lebens unterschiedlich, d.h. in Abhängigkeit ihrer Sozialisation)

3.1.4 Prinzipien der Entwicklung

1. Prinzip des Wachstums:

- Entwicklung des Körperbaus und der inneren Organe
- ständige Zellerneuerung (Auf- und Abbau)
- Beispiel: Körperwachstum bis zum 20 Lebensjahr

2. Prinzip der Reifung:

- zunehmende Differenzierung des Organismus aufgrund der Entfaltung seiner genetischen Anlage
- Ausbildung von Denkprozessen und Verhaltensweisen
- Reifungsvorgänge beruhen auf einer vorausgegangenen Grundlage (z.B. Laufen und Lesen lernen)

3. Prinzip des Lernens:

- Entwicklung auf Grundlage von Erfahrung und Übungen
- Einprägung von Verhalten und Erleben
- Verhaltensänderungen sind durch Umwelteinflüsse möglich
- Beispiel: Wissenszuwachs über das ganze Leben

4. Konvergenzhypothese:

die kognitive Entwicklung findet nicht statt durch (…)

a) reines Erscheinen angeborener Eigenschaften

b) bloße Aufnahme von Umwelteinflüssen

→ Entwicklung ist das Ergebnis einer Wechselwirkung (Konvergenz)

3.1.5 Entwicklungsfenster

sensible und kritische Phasen nach Montessori

kritische Phase	sensible Phase
• ein bestimmter Zeitraum, in dem bestimmte Verhaltensweisen des Lebewesens dauerhaft festgelegt werden • haben sich kritische Entwicklungen grundlegend vollzogen, kann jenseits dieses Zeitraums diese Entwicklung nicht mehr geändert werden Beispiele: • das Erlernen von Sprache vollzieht sich innerhalb der ersten 12 Lebensjahre, insbesondere in den ersten drei Lebensjahren (z.B. Ausbleiben des Sprachvermögens bei Wolfskindern) • die Geschlechtsidentität wird bis zum 4. Lebensjahr irreversibel festgelegt • Interaktionen mit der Umwelt sind in den ersten Lebensjahren essentiell, damit neuronale Strukturen ausreifen können	• ein bestimmter Zeitraum in der Entwicklung, in welchem das Lebewesen für den Erwerb von bestimmten Verhaltensweisen besonders empfänglich ist • außerhalb dieses Zeitraums ist die Entwicklung zwar schwierig, kann aber bis zu einem gewissen Grad wieder stattfinden Beispiele: • innerhalb der ersten drei Jahre lernt das Kind seine Motorik, kann allerdings auch verzögert in den Jahren danach erlernt werden • Ausbildung der Autonomie bis zum 3. Lebensjahr • Entwicklung der Sexualität bis zum 5. Lebensjahr

Bedeutung der beiden Phasen für die Erziehung

- die Erziehung sollte sich an den Phasen orientieren
- Eltern und Erzieher sollten optimale Lernbedingungen für die Entstehung von bestimmten Verhaltensweisen und Persönlichkeitsmerkmalen in den jeweiligen Zeitabschnitten schaffen
- ebenfalls sollten zu hohe Anforderungen an ein Kind vermieden werden, das im Lernprozess stagniert bzw. diesen noch nicht endgültig abgeschlossen hat
- es sollten Hinweise des Kindes hinsichtlich seiner Hirnentwicklung wahrgenommen werden, was es sich und gerade braucht

Zeitfenster	moderner Begriff für einen bestimmten Zeitraum, in welchem sich die für ein Verhalten wichtigen Gehirnstrukturen entwickeln, sodass nur in dieser gewissen Zeitspanne ein bestimmtes Verhalten erlernt werden kann bzw. muss. Außerhalb dieses Zeitraumes findet ein Wachstum der jeweiligen Hirnstrukturen nicht mehr bzw. nur geringfügig statt, entsprechend kann ein spezifisches Verhalten nicht oder nur sehr aufwendig erlernt werden Beispiel: bis zum 2. Lebensjahr eignet sich das Kind 70% seiner Fähigkeiten an
privilegiertes Lernen	gewisse Verhaltensweisen, die nur innerhalb eines bestimmten Zeitfensters erlernt werden können Beispiele: Sprechen, Laufen und allg. Halte- und Stützfunktion
nicht privilegiertes Lernen	hingegen kann im Sinne des nicht privilegierten Lernens eine Verhaltensweise jederzeit im Leben erlernt werden Beispiel: Berufstätigkeit, Autofahren, Sport
Reifung	nicht sichtbarer Prozess der Aktivierung/Inaktivierung der Anlage des Organismus, die zu der individuellen genetischen Ausprägung (sichtbar nach außen) führt (z.B. Wachstum des Skeletts)

3.1.6 Entwicklung als ganzheitlicher Prozess

Zusammenspiel der motorischen, sprachlichen, kognitiven und sozial-emotionalen Entwicklung

- die alltäglichen Herausforderungen im Leben können erst durch das komplexe Zusammenspiel der Motorik, Kognition, Emotion und Motivation bewältigt werden

- Wahrnehmung:
  - Prozess der Informationsaufnahme aus der Umwelt und dem Körperinneren sowie deren anschließende Verarbeitung

- Motorik:
  - Koordination sämtlicher Bewegungsabläufe des Individuums
  - ohne motorische Reize (z.B. mechanische Einwirkung durch Sturz) entsteht keine Gesamtentwicklung
  - sie bildet die Grundlage für alle Tätigkeiten (z.B. Gehen, Arbeiten) und soziale Interaktion (non-verbaler Kommunikation)
  - sie lässt das Denken und Sozialverhalten entfalten sowie Sprache und Gefühle zum Ausdruck bringen

- Sprache:
  - System von Lauten und Zeichen sowie Regeln über die Verbindung dieser Zeichen
  - Vermittlung, Aufnahme und Austausch von Informationen zwischen zwei oder mehreren Personen
  - dient der Beschreibung von Dingen und Sachverhalten
  - die Wortwahl bestimmt, an was und wie wir uns erinnern
  - Sprache beeinflusst die kognitiven Fähigkeiten und das Verhalten anderer

- Gedächtnis und Denken:
  - Gedächtnis ist ein Prozess im Gehirn, bei dem Informationen abgeglichen, verarbeitet und neu zusammengestellt werden (Wissensspeicherung)
  - Denken dient der Bewältigung von Problemen (Entscheidungs- und Konfliktlösung) mittels Abwägen, Bewerten und Planen
  - Zusammenhang: Wissen kann unser Denken beschleunigen, wobei Denken zu mehr Wissen führt

- Emotionen:
  - seelische Erlebnisinhalte, die sich als körperliche Veränderungen präsentieren
  - sie beeinflussen die Einstellung und das Verhalten des Menschen
  - sie registrieren ein Ungleichgewicht und versuchen dieses zu beheben
  - sie selektieren Wahrnehmung und haben Mitteilungscharakter

Verlaufsform die Veränderungen in Bezug zum Lebensalter

a) die drei Verlaufsformen

Verlaufsform	geradlinig	verlangsamt	beschleunigt
Kennzeichen	• kontinuierliche, gleichmäßige Entwicklung eines Persönlichkeits-merkmals → keine beschleunigte oder verzögerte Entwicklung • findet in der Wirklichkeit nicht statt	• beschleunigte Entwicklung zu Beginn • Entwicklung verzögert sich immer mehr → häufigste Art der Kindesentwicklung	• verzögerter Beginn der Entwicklung • Entwicklung verläuft immer schneller • ab einem gewissen Zeitpunkt wird sie wieder eingebremst
Beispiel	• ein Kind lernt im 3. Lebensjahr gleich viele Wörter wie im 5. Lebensjahr	• der Wortschatz wird in den ersten Lebensjahren sehr schnell aufgebaut • die Wortaufnahme verzögert sich wieder schnell	• geringer Wortschatz zu Beginn • ab einem gewissen Zeitpunkt lernt das Kind sehr schnell, viele neue Wörter

b.) Verlaufsbeginn der Entwicklung

- Entwicklungsverläufe unterscheiden sich auch durch den Zeitpunkt ihres Beginns ganz unabhängig von ihrer Verlaufsform
- der Beginn kann verfrüht, normal oder verspätet sein
- <u>Beispiel</u>:
  bei manchen Jungen beginnt die Pubertät erst mit 13 Jahren, während andere bereits mit 11 Jahren pubertieren

c.) Zeitdauer der Entwicklung

- die Entwicklung kann sehr kurz stattfinden oder sich langwierig hinziehen
- man unterscheidet zwischen einer kurzen, normalen oder langen Dauer der Entwicklung
- Beispiel:
  bei manchen Jungen hält die Pubertät 2 Jahre, bei anderen 3 bis 4 Jahre an

Zusammenwirken

- die Wechselwirkung zwischen dem Zeitpunkt, der Zeitdauer, dem Verlaufsbeginn und deren Verlaufsform kennzeichnet die menschliche Entwicklung, v.a. der Persönlichkeit
- Beispiel: Sprach- oder Intelligenzentwicklung

3.2 psychosoziale Entwicklung im Jugendalter (Erikson)

3.2.1 Grundannahmen

beispielhafte Abituraufgabe:
Erläutern Sie die Stufen der psychosozialen Entwicklung nach Erikson für einen erwachsenen Menschen und beschreiben Sie den Bezug zur Altersforschung.

psychosoziale Entwicklung im Jugendalter

Alter	Krise	angemessene Lösung	unangemessene Lösung
1. oral 0 bis $1^1/_2$ Jahre	Vertrauen vs. Missvertrauen Urvertrauen vs. Urmisstrauen	stabiles Sicherheits-bewusstsein → starke Mutter/Vater-Kind-Beziehung	Unsicherheit, Angst, Misstrauen
2. anal $1^1/_2$ bis 3. Lebensjahr	Selbstwertgefühl vs. Selbstzweifel und Scham	Autonomie, Selbstwahrnehmung als Handelnder	Selbstzweifel über eigene Kontrolle von Ereignissen → durch Tadelung wegen zu vieler Einschränkungen
3. phallisch 3. bis 6. Lebensjahr	Selbstvertrauen vs. Schuldgefühl Initiative vs. Schuldgefühl	Selbstvertrauen, Vertrauen auf eigene Initiative, Gewissensbildung → Übernahme elterlicher Werte und Normen	Schuldgefühl, mangelndes Selbstvertrauen → durch Verhalten gegen elterliche Normen
4. Latenz 6. bis 11. Lebensjahr	Kompetenz und Leistung vs. Misserfolg und Minderwertig-keitsgefühl	Vertrauen auf eigene Leistung → Erfolgserlebnisse steigern Leistung der intellektuellen sowie sozialen Kompetenz	Minderwertigkeits-gefühl, mangelndes Vertrauen in eigene Leistung → wenige Erfolgs-erlebnisse

Alter	Krise	angemessene Lösung	unangemessene Lösung
5. Jugend bzw. Adoleszenz 12. bis 18. Lebensjahr	Identität vs. Rollenkonflikt Identität vs. Identitätsdiffusion	Identität, Vertrauen in die eigene Person	unstimmiges Selbstbild, schwankendes und unsicheres Selbstbewusstsein
6. junges Erwachsenenalter 19. bis 29. Lebensjahr	Bindung vs. Isolation Intimität vs. Isolation	Fähigkeit zur Nähe und Bindung an andere → partnerschaftliche Bindungen mit körperlicher und psychischer Nähe	Isolation, Einsamkeit, Unfähigkeit zur Kontaktaufnahme, fehlende Bedürfnisbefriedigung → Leugnung des Bedürfnisses nach Nähe
7. mittleres Erwachsenenalter 30. bis 50. Lebensjahr	Generativität vs. Stagnation	Interesse an Familie, Gesellschaft, Gedanken über zukünftige Generation	Infragestellung vergangener Entscheidungen, Streben nach Freiheit, selbstbezogene Interessen, fehlende Zukunftsorientierung
8. höheres Erwachsenenalter ab dem 50. Lebensjahr	Ich-Integrität vs. Verzweifelung	Gefühl der Ganzheit, Zufriedenheit mit dem Leben Zurückblicken ohne Bedauern	Gefühl der Vergeblichkeit und unerfülltes Verlangen, Enttäuschung, Verzweiflung und Selbstabwertung

Anmerkungen zum psychosozialen Entwicklung nach Erikson

- die Identitätsentwicklung nach Erikson umfasst die Veränderung der menschlichen Identität im Spannungsfeld zwischen (...)
  - den Wünschen und Bedürfnissen des Individuums und
  - den sich ständig verändernden Anforderungen der sozialen Umwelt im Laufe der Entwicklung

- Entwicklungsaufgabe:
  Bewältigung von Krisen und Konflikten im Laufe des Entwicklungsprozess

Erikson stellt 8 Stufen der Entwicklung auf

- die Stufenabfolge ist allerdings irreversibel und universal
- bis zur 5. Phase (nach Jugendalter) → Abschluss der Identitätsfindung
- ab der 6. Phase → Intimität vs. Distanzierung gegen Selbstbezogenheit
- die 7. und 8. Phase umfassen den Großteil des Lebens
- die 7. Phase → Gegensatz von Generativität und Stagnation entspricht dem zentralen Teil des menschlichen Lebens

Bedeutung für die Altersforschung

- in Eriksons Theorie werden auch explizit spezifische Entwicklungsaufgaben für das höhere Lebensalter berücksichtigt
- das Individuum muss die Endlichkeit seines eigenen Daseins anerkennen und schaut auf sein Leben zurück
- Erikson demonstriert eindrucksvoll, dass die Entwicklung eines Menschen nicht mit dem Erreichen des Erwachsenenalters endet
  → die Ich-Integrität nimmt nie eine eindeutige Gestalt an
  → Leben ist nur möglich, wenn Veränderungen im Laufe der Zeit vorgenommen werden, sodass das Ich und die gesellschaftlichen Rahmenbedingungen stets aufeinander abgestimmt sind

3.2.2 Bewertung

Bewertung

- das psychosoziales Modell nach Erikson baut auf Freuds Entwicklungsmodell auf

- Erikson bezieht auch soziale Aspekte mit ein
  → z.B. stellt er die Persönlichkeitsentwicklung als wechselseitige Beziehungen dar

- Erikson stellt die Persönlichkeitsentwicklung in Abhängigkeit der epigenetischer Einflüsse dar
  → Entwicklung findet auf Grundlage der Wechselwirkung von der Anlage und den Umwelteinflüssen in einer bestimmten Reihenfolge statt (biologisch bedingte Reifungsprozesse)

- Schlussfolgerungen Eriksons:
  - die Entwicklung findet ein Leben lang statt
  - die Bausteine der Identität werden im Kindesalter gesetzt
  - im Jugendalter setzt sich die Person mit ihrer Identität auseinander („Das Urvertrauen ist der Eckstein der gesunden Persönlichkeit")

Stärken	Schwächen
• die einzelnen Stufen liefern eine bestimmte Orientierung • vermittelt ein Verständnis für Lebenskonflikte und Lebenskrisen in den verschiedenen Altersstufen • die einzelnen Stufen beschreiben die Entwicklung im ganzen Leben • dient als idealtypisches Modell → grobe Entwicklungslinien	• die menschliche Biografie wird idealisiert → heutzutage gibt es immer atypischere Lebensläufe → z.B. Scheidungen im Erwachsenenalter oder patch-work Familien • das Urvertrauen wird nicht nur von der Stärke der Mutter-Kind-Beziehung, sondern auch von der Vater-Kind-Beziehung bestimmt • nicht universell gültig

3.3 kognitive Entwicklungstheorie von J. Piaget

beispielhafte Abituraufgabe:
Legen Sie die Grundprinzipien der kognitiven Entwicklung nach Jean Piaget dar und untersuchen Sie, darüber hinausgehend, welche Einflussfaktoren Piaget in seiner Theorie vorwiegend berücksichtigt.

3.3.1 Grundannahmen

Leitidee Piagets	die kognitive Entwicklung richtet sich nicht nach der Umwelt (soziale Schicht, Kultur, etc.), sondern ist vom Alter und Stadium, in dem sich das Kind befindet, abhängig. Die kognitive Entwicklung ist das Ergebnis eines ständigen Wechselspiels aus Akkommodation und Assimilation
Methode	Untersuchungen in Form von offenen Gesprächen mit Kindern

J. Piaget als Konstruktivist

- Kinder sind intrinsisch motiviert zu lernen (neugierig, aktiv)
- Kinder konstruieren sich ihr Wissen, ihre eigene Welt, ihr Denken
  → sie sehen die Geschehnisse als real an
  → suchen Herausforderungen

- Jean Piaget = Wegbereiter des Konstruktivismus
- seine Entwicklungstheorie umfasst einen interaktionistischen Ansatz im Vergleich zu den endogenetischen und milieutheoretischen Entwicklungstheorien

Grundprinzipien des Lernens (Bildung kognitiver Strukturen) nach Piaget

- Tendenz zur Organisation
  zum Überleben besitzen Organismen das angeborene Bedürfnis zur Organisation, d.h. die Fähigkeit bestimmte Geschehnisse und Dinge mithilfe der kognitiven Schemata zu strukturieren, einzuordnen, zu systematisieren, und Beziehungen unter ihnen herzustellen

- kognitive Schemata
  geistige Fähigkeit des Organismus, die unterschiedlichen Umwelteindrücke einzuordnen, mit den eigenen Erfahrungen abzugleichen und daraus Maßnahmen abzuleiten. Das Individuum verbindet verschiedene Schemata miteinander, wodurch es kognitive Strukturen bildet, die ihm einerseits Orientierung und andererseits Wissen/Verständnis über die Umwelt liefern
  → innere Repräsentationen und systematisierte Erfahrungen
  → Beispiel: großes, schwarz-weiß gestreiftes Tier wird als Zebra erkannt

- Schema:
  Grundstrukturen, die angeboren sind (z.B. Greif-, Saugschema)

- Struktur:
  koordinierte Verbindung mehrerer Schemata durch Denkoperation
  → Beziehungsgefüge von (konkreten oder geistigen) Tätigkeiten

- Adaptation
  gegenseitige Anpassung zwischen Organismus und Umwelt. Der Prozess der Anpassung ergibt sich aus (...)
  a) der Assimilation und
  b) der Akkomodation

- Assimilation
  Anpassung der Umwelt an den Organismus, indem bereits vorhandene kognitive Schemata (Wissensstrukturen) genutzt werden, die Umwelt zu deuten

- Akkomodation
  Anpassung des Organismus an die Umwelt, indem neue kognitiven Schemata geschaffen bzw. alte verändert werden bis sie den Anforderungen der Wirklichkeit entsprechen (z.B. bei neuaufgetretenden Problemen)

- Äquilibration:
  Die Tendenz zur Gleichgewichtsherstellung, indem ein Ausgleich zwischen der Assimilation und der Akkomodation stattfindet. Das Streben nach einem Gleichgewicht ist die treibende Kraft (Motor) für die kognitive Entwicklung. Die Äquilibration ist immer dann erforderlich, wenn der Mensch in ein Ungleichgewicht (kognitiven Konflikt) gerät

3.3.2 Stufen der Denkentwicklung

Anmerkungen zum Modell

- das Modell beschreibt den Übergang vom prälogischen zum logischen Denken
- die Reihenfolge der Stufen ist unveränderlich
- lediglich die Dauer auf den einzelnen Stufen variiert
- die Stufen gehen ineinander über
- frühere Strukturen werden nicht abgelöst, sondern in neue Stufen integriert
- jede Stufe ist durch eine bestimmte Denkstruktur gekennzeichnet

Entwicklungsstufenmodell nach Jean Piaget

Phase	Merkmale
sensomotorische Phase bis zum 2. Lebensjahr	**Stufe der sensomotorischen Intelligenz (6 Phasen)** • kindliches Denken und Intelligenz wird über Sinneserfahrungen und Bewegungen gesteuert • Akkommodationsleistungen sind nicht vollkommen frei, sondern an Reifungsprozesse gebunden **1. Phase – Betätigung der Reflexe** (bis 1. Monat): • Kind reagiert mit angeborenen Reflexen (z.B. Saugen, Greifen, Schlucken) auf bestimmte Reize und deren Übung gezielter **2. Phase – einfache Gewohnheiten** (1. bis 4. Monat): • reflektorische Handlungen werden ohne Absicht wiederholt und zur Gewohnheit, sie betreffen den Körper des Säuglings (z.B. Schließen bzw. Öffnen der Hände, Saugbewegungen) **3. Phase – aktive Wiederholungen** (4. bis 8. Monat): • Handlungen, die zufällig interessante Effekte erzeugen, werden lustvoll wiederholt (z.B. Knopf drücken, der ein Geräusch erzeugt) • einfache Handlungen werden zeitverzögert nachgeahmt **4. Phase – Verknüpfung von Mittel und Zweck** (8. bis 12. Monat): • das Kind entdeckt durch Ausprobieren (Verknüpfen der Verhaltensmuster) neue Handlungsschemata, mit denen es immer öfter seine Ziele erreicht (Versuch-Irrtum) • Beginn komplexere Verhaltensweisen nachzuahmen **5. Phase – aktives Experimentieren** (12. bis 18. Monat): • das Kind experimentiert und probiert neue Verhaltensweisen aus z.B. erfasst das Kind die Beziehung zwischen Schnur und Glocke, um einen Ton auszulösen • das Kind erforscht Gegenstände und zweckentfremdet sie z.B. wird Gabel zum Flugzeug

Phase	Merkmale
	6. Phase – verinnerlichtes Handeln (18. bis 24. Monat): • Werkzeugdenken: Kind verknüpft den Zusammenhang verschiedener Elemente, die dem Erreichen des Ziels dienen können • mentale Repräsentation: Kind beschreibt Gegenstände/Handlungen aus seinen Erfahrungen, die im Gedächtnis als Vorstellung existieren • Symbolhandlungen: Kind spielt Handlungen symbolisch nach, die zuvor zu einem Ergebnis geführt haben • inneres Probehandeln: neue Verhaltensweisen müssen nicht nur erprobt, sondern können sich auch durch Denken vorgestellt werden (Interiorisierung) • Entwicklung der Objektpermanenz (Erkenntnis, dass Dinge nicht einfach verschwinden)
präoperationale Phase 2. bis 6. Lebensjahr	**Stufe des symbolischen *(vorbegrifflichen)* Denkens** (2. - 4. Lebensjahr) • Symbolische Repräsentation: Kind verwendet sprachliche Symbole (Vorbegriffe) anstelle von Personen oder Gegenständen z.B. Rollenspiele mit vorgestellten Personen (Puppe wird zur Freundin) • kindlicher Realismus: Kind glaubt, dass alles existiert (z.B. Zahnfee) • logische Irrtümer: von einem Punkt wird auf den anderen geschlossen (z.B. gleicher Hund wie vorhin) • Egozentrismus: Kind kann noch nicht die Perspektive einer anderen Person einnehmen, im Mittelpunkt stehen eigene Wünsche, Bedürfnisse, Sichtweisen • animalisches Denken: unbelebte Dinge sind für das Kind belebt • magisches Denken: Denkvorgang basiert nicht auf Logik, sondern Naturgeschehen werden durch magische Kräfte erklärt **Stufe des anschaulichen Denkens** (4. bis 7. Lebensjahr) • Kinder sind fähig mithilfe der Sprache über komplexere Vorstellungen zu denken • Zentrierung: das Kind kann seine Aufmerksamkeit auf ein Merkmal zentrieren • Perzeption: der Denkvorgang orientiert sich an der Wahrnehmung • Irreversibilität: Kind begreift nicht, dass Prozesse umkehrbar sind • kann nur eine Dimension erfassen = keine Verständnis f. Invarianzen - Kinder können noch nicht die Flüssigkeitsmenge und Höhe eines Glases in den richtigen Zusammenhang bringen (fehlende Mengeninvarianz; s. Umschüttversuch)

Phase	Merkmale
konkret-operationale Phase 7. bis 11. Lebensjahr	**Stufe des konkreten Denkens** (7. bis 11. Lebensjahr) • Kinder eignen sich kognitive Operationen an → logisches, flexibles und systematisches Denken • Dezentrierung: mehrere Dimensionen können unabhängig von der Wahrnehmung betrachtet werden, es werden nun mehrere Merkmale eines Objektes betrachtet → wechselseitige Beziehungen nachvollziehbar **Strukturen der konkreten Denkoperationen:** • Reihenbildung: Objekte können nach Dimension zugeordnet werden • Klasseninklusion: Zuordnen von Objekten zu einer Kategorie (z.B. Katzen sind Tiere) • räumliches Urteil: Fähigkeit deutliche Anweisungen zu geben • Reversibilität: Fähigkeit verinnerlichte Handlungen auch in umgekehrter Reihenfolge zu betrachten, um den ursprünglichen Zustand wiederzuherstellen • Erkenntnis qualitativer Invarianzen (Umkehrbarkeit): Dinge bleiben trotz Veränderung der Anordnung gleich (Form, Eigenschaft des Objektes) z.B. Sicht auf einen Hund von vorne, hinten und seitlich • Überwindung des gedanklichen Egozentrismus: sie können in andere Rollen schlüpfen. Sie überlegen, wie andere Personen sie betrachten • logisches Denken (Operationen) zur Lösung konkreter Probleme: sie können konkrete Zahl-, Raum- und Zeitprobleme lösen (erst addieren bzw. subtrahieren, multiplizieren, dann dividieren), allerdings ist das logische Denken immer noch auf konkrete Dinge gerichtet
Phase der formalen Operation 12. bis 13. Lebensjahr	**Stufe des abstrakten (formalen) Denkens (ab 12. Lebensjahr)** • Abstraktion: schlussfolgerndes Denken bei abstrakten, fiktiven Überlegungen ist möglich, z.B. lernen sie Hypothesen zu bilden und über die vorgegebenen Informationen hinaus zu reflektieren • Aufbau kombinatorischer Systeme: Kinder sehen Lösung als eine von vielen Kombinationen, wollen die anderen nicht realisierten Kombinationen empirisch überprüfen. Sie setzen ihre Operationen systematisch und bewusst im Denken ein • Meta-Denken: Kinder lernen über das Denken nachzudenken • Rollen können unterschiedlich interpretiert und realisiert werden • induktives Denken: sie können Regeln aus einzelnen Gegebenheiten ableiten deduktives Denken: sie können aus allgemeinen Regel auf einen konkreten Sachverhalt schließen • nicht alle Kinder erreichen dieses Stadium

Piaget unterscheidet 3 verschiedene Arten der fehlerhaften Assimilation:

- Artifizalismus: Ereignisse geschehen, weil sie zweckgebunden sind, wobei eine Ursache zugrunde liegt
- Animismus: unbelebte Dinge werden als lebendig wahrgenommen
- Finalismus: Ereignisse geschehen, weil sie stets eine Ursache haben

3.3.3 Experimente

1. Umschüttversuch:

- vor den Augen der Kinder wird die Flüssigkeit von einem kleinen, breiten Trinkglas in ein schmales, höheres Trinkglas umgeschüttet
- zu Beginn der präoperationalen Phase sind Kinder der Meinung, dass sich im schmalen Trinkglas mehr Flüssigkeit befinde, weil die Flüssigkeit höher steht
  → kein Verständnis für Invarianz, Zentrierung bzw. Dezentrierung, Perzeption, und Erhaltung

- ab dem 7. Lebensjahr (Phase der konkreten Operationen) erkennen Kinder, dass sich die Flüssigkeitsmenge beim Umschütten nicht ändert

2. Drei-Berge Versuch:

- vierjährige Kindern betrachten ein Modell mit drei Bergen
- in Position 1 sehen die Kinder die Berge aus einer bestimmten Ansicht
- das Kind kann aus mehreren Bildern das aus auswählen, was seiner Sicht entsprach
- wenn die Kinder gefragt werden, wie die Berge aus einer anderen Sicht aussehen (in Position 2 oder 3) wird der Großteil der Kinder die zuvor eigene Ansicht (Position 1) der drei Berge aussuchen
  → Egozentrismus, fehlende geistige Rotation

3. Tulpen und Blumenversuch:

- Kindern betrachten ein Bild mit drei Rosen und acht Tulpen
- Kinder müssen antworten, ob sie auf dem Bild mehr Blumen oder mehr Tulpen gesehen haben
- Kinder im präoperationalen Stadium antworten, dass auf dem Bild mehr Tulpen zu sehen seien, weil es weniger Blumen (kindlicher Inbegriff für Rosen) gäbe
- der Begriff Blumen ändert seine ursprüngliche Bedeutung
  → keine Klasseninklusion, Irreversibilität

4. Stab-Versuch:

- der größere Stab A wird neben dem kleineren Stab B gezeigt
- dann wird der größere Stab B neben dem kleineren Stab C gezeigt
- Kinder müssen antworten, ob der Stab A oder C länger ist
- Kinder in der konkret-operationalen Phase können diese kognitiven Probleme lösen (das Denken steht über der Wahrnehmung)
  → Inklusionsbeziehung
  → Reihenbildung

5. Münzen-Versuch:

- Kinder betrachten zwei Reihen mit gleich vielen Münzen
- eine der Reihen wird allerdings in die Länge gezogen
- bei jüngeren Kindern lässt dies den Eindruck erwecken, dass diese Reihe nun mehr Münzen enthalte, weil sie länger ist (oder umgekehrt weniger, weil die Lücken grösser sind)
  → Zahlenbegriff

3.3.4 Kritik an Piagets Annahmen

Bewertung hinsichtlich neuer Forschungserkenntnisse

Stärken

Versuche Piagets sind stets nachvollziehbar

- die Ergebnisse können repliziert werden
- Thesen Piagets finden weltweit Bedeutung und Bestätigung

Piaget entwarf ein wichtiges Grundmodell zur Erforschung von Denkprozessen

- in Kombination mit modernen Beobachtungsverfahren können wichtige Erkenntnisse im Bereich der Hirnforschung gewonnen werden
- Grundstein für die konstruktivistische Pädagogik

Erkenntnis Piagets zur geistigen Entwicklung

- die geistige Entwicklung besteht nicht in der passiven Übernahme von Wissen, sondern in der aktiven Konstruktion von Bedeutung

Grenzen und neue Erkenntnisse

Vorstellung der stufenförmigen Entwicklung der Abstraktionsfähigkeit gilt als überholt

- die Entwicklung verläuft, nach modernen Erkenntnissen, nicht exakt nach den von Piaget ermittelten Stufen
- Aufgrund der Globalisierung und dem Leistungsdruck müssen Kinder ihre Fähigkeiten (Denkoperationen) schneller entwickeln als früher
- einmonatige Säuglinge: sie können bereits zwischen zwei und drei identischen Objekten unterscheiden
- dreimonatige Säuglinge: sie verstehen die Objektpermanenz
- sechsmonatige Säuglinge: sie verstehen einfache Rechenaufgaben mit wenigen Objekten und reagieren erstaunt auf falsche Ergebnisse

die Bedeutung der frühkindlichen Selbsttätigkeit für effektive Lernprozesse läuft ebenfalls früher ab als Piaget behauptet

- neue Erkenntnisse aus der Hirnforschung zeigen, dass ein Kind, unabhängig vom Alter, viel verstehen und begreifen kann, solange man die Erklärungen und Problemstellungen auf das jeweilige Verstandsniveau anpasst
- Kinder sind bereits, früher als Piaget annahm, zu gewissen Denkleistungen imstande (z.B. addieren, physikalische Gesetze begreifen)

Piaget vernachlässigt die Rolle der Sprache

- hat ein Kind die Sprache erlernt, kann man ihm die feine Bedeutung der einzelnen Wörter erklären
- sobald das Kind die Zusammenhänge zwischen der Realität und dem sie bezeichnenden Begriffen erkannt hat, kann man diesen Kindern durch Erklärungen mit Wörtern neue Denkschemata näher bringen

Erwachsene spielen bei der kindlichen Denkentwicklung, laut Piaget, kaum eine Rolle

- allerdings ist die emotionale und soziale Bindung des Kindes zu seinen unmittelbaren Bezugspersonen der zentrale Punkt in der Denkentwicklung
- Kinder schreiben Menschen von Beginn des Lebens mehr Bedeutung zu als allen Objekten
- Piagets Auffassung, es bestünde kein Unterschied in der Art, in der ein Kind Kenntnisse über Menschen und über Dinge erwirbt, gilt demnach als überholt

Piaget schlussfolgerte aus seinem drei-Berge-Experiment, dass Kindern, im Stadium des prälogischen oder präoperativen Denkens, der Begriff der Perspektive fehlt

- allerdings demonstrieren neuere Studien, dass bereits zwei bis drei jährige Kinder (d.h. viel früher) unterschiedliche Perspektiven betrachten, d.h. keinen Egozentrismus aufweisen
- Kinder besitzen mit vier Jahren ein Grundverständnis für Gefühle und können sich in die Lage andere hineinzuversetzen (z.B. Ablesen von Emotionen aus Gesichtsausdrücken)

Grenzen und neue Erkenntnisse

Neue entwicklungspsychologische Forschung vertritt die Ausbildung von Wissensdomänen

- Kinder, die sich viel Wissen in einem Gebiet angeeignet haben, schneiden in Gedächtnistests über ihren Fachbereich besser ab als erwachsene Laien
- dementsprechend können Grundschulkinder bereits durch ein hohes bereichsspezifisches Vorwissen eigene Defizite in allgemeinen Lernfähigkeiten bis zu einem gewissen Grad ausgleichen
- Entwicklungsveränderungen sind also nicht immer globale, bereichsübergreifende Veränderungen, wie sie etwa in Piagets Stadientheorie angenommen wurden, sondern vollziehen sich häufig auf der Ebene spezifischer Wissensdomänen in Abhängigkeit von schulischen und außerschulischen Bildungsangeboten
- Während Piaget keine bedeutsamen Fördermöglichkeiten in der kindlichen Frühentwicklung heranzieht, weist die moderne Hirnforschung explizit auf diese, weil sie für die frühe Entwicklungszeit große Lernmöglichkeiten bietet

Unzureichendes methodisches Vorgehen durch Piaget

- Die Standards, z.B. nur Beobachtung Piagets, seiner empirischen Forschungsmethoden sind fragwürdig
- Piaget verallgemeinert seine Forschungsergebnisse teilweise in unangemessener Weise
- so wurden etwa die Gesellschaftseinflüssen nicht berücksichtigt z.B. Kindesentwicklung zur Zeit des Nationalsozialismus
  → mangelhafte Gütekriterien

Kinder werden stark durch unmittelbare Wahrnehmung (vorhandene Denkfähigkeit) beeinflusst

- viele schwierige, nicht kindergerechte Fragestellungen
- zu kleine Stichprobe, nicht repräsentativ
- offene Fragestellungen erschweren den Vergleich der Antworten
- bei kindergerechten Fragestellungen hätten Kinder die Aufgaben ohne weiteres lösen können
  → Piaget unterschätzte Kinder

Art der Datenerhebung aus seinen Experimenten

- Ergebnisse aus dem Umschüttversuch wären andere gewesen, wenn Kinder selbst den Versuch durchgeführt hätten
- auch die Objektpermanenz entwickelt sich viel früher, allerdings ist sie von unterschiedlichen Bedingungen abhängig (z.B. Größe, Geschwindigkeit)

Piaget verließ sich nur auf verbale Beschreibungen der Kinder

- es konnte nicht nachgewiesen werden, ob Denkoperationen schon möglich sind, bevor man sie formulieren kann
- neuere Studien weisen dabei vermehrt auf non-verbale Äußerungen

neue Erkenntnisse zu Objektpermanenz:

Stufe 1 und 2	Kinder starren kurz auf die Stelle, wo sich das Objekt zuvor befand (im Sinne von: aus den Augen, aus dem Sinn)
Stufe 3	Kinder verfolgen das Objekt bis es aus dem Blickfeld verschwindet
Stufe 4	Kindern entwickeln die innere Repräsentation: • Kind sucht Gegenstand, der vor ihm versteckt wird am richtigen Ort • aber AB-Fehler: Kind sucht am alten gewöhnlichen Ort (A), auch wenn es vor ihm am neuen Ort (B) versteckt wurde
Stufe 5	Fähigkeit an unterschiedlichen Stellen zu suchen • Objekt kann innerhalb eines anderen Objektes mit transportiert werden • kein AB-Fehler mehr
Stufe 6	Objektpermanenz: der Ort eines Objektes kann durch Vorstellung erschlossen werden

3.3.5 Förderung der Denkentwicklung

Voraussetzung

- die Ausbildung kognitiver Fähigkeiten bildet die Grundlage für alle Persönlichkeitsbereiche des Menschen
  → die Denkentwicklung muss sich auf alle Persönlichkeitsbereiche erstrecken

- Erziehungsleitlinie:
  - emotionale Bindungen werden durch positive Gefühle aufgebaut
  - Unterstützung des Explorationsverhaltens
  - Herstellung von Mut und Selbstvertrauen zur Umweltforschung

Möglichkeiten zur Förderung d. kognitiven Entwicklung (Denkentwicklung)

- Kleinkinder mit verschiedenen Situationen konfrontieren, die ein aktives selbstständiges (freies) Handeln und Experimentieren erlauben, damit sie Wissenswertes an den Dingen selbst erfahren
- Lernen fördern durch Bewegung (im 1. Lebensjahr)
- Interesse wecken durch Vorschläge und Hilfestellungen
- Diskussionen anregen, um Sprache zu fördern
- Respekt für Irrtümer
- Vermeidung einer Unter- oder Überforderung
- Herstellen von Ungleichgewichtssituationen aus denen gelernt werden soll
  → Kind passt sich der Umwelt an, lernt Neues und entwickelt sich weiter
- Förderung der Kreativität und Fantasie durch Spiele, Bilder und Bücher
- Interaktion zu anderen Kindern stärken
- kindliche Gedanken berücksichtigen und aufgreifen
- Kindern mit geistiger Behinderung können durch spezielle Förderungsprogramme viele Defizite kompensieren

3.3.6 Entwicklung des moralischen Urteils nach J. Piaget

Moral die Summe aller verbindlichen Sollregeln, d.h. den Normen und Wertvorstellung einer Gruppe, die der Aufrechterhaltung bzw. Stabilisierung einer Gesellschaft dienen

Gewissen Instanz, die das menschliche Verhalten mit den für sich geltenden Wert- und Normvorstellungen sowie den Verhaltenserwartungen abgleicht und daraus eine Verhaltensentscheidung (hinsichtlich der Gruppe) für sich trifft

Funktionen und Gründe für moralisches Handeln

- Aufbau und Stabilisierung einer friedlichen Gesellschaft
- Vermeiden sozialer und juristischer Bestrafung
- Eigenschutz vor schlechtem Gewissen
- häufig die bestmögliche Alternative, ohne stets selbst einen Vorteil daraus ziehen zu müssen

Piagets Stufen der kindlichen Moral

Stufe	Merkmale
Stufe des einfachen moralischen Realismus bis zum 5. Lebensjahr	Bewertung des Kindes nach einem einfachen Maßstab • alles, was nicht bestraft wird, ist erlaubt und damit gut • alles, was bestraft wird, ist nicht erlaubt und damit schlecht
Stufe der heteronomen Moral ab dem 6. Lebensjahr	Kinder entwickeln ein Bewusstsein für Regeln, die von bestimmten Personen aufgestellt werden • alles, was bestimmte Personen, v.a. Autoritäten erlauben, ist als gut zu betrachten und darf auch durchgeführt werden • was bestimmte Personen nicht erlauben, gilt als schlecht • das Kind empfindet sich selbst als brav oder gut, wenn es sich an die entsprechenden Regeln hält bzw. als böse, wenn es die Regeln bricht
Stufe der autonomen Moral ab 10. Lebensjahr	Kinder entwickeln ihre eigene Moralvorstellung • ab Beginn der Pubertät reflektieren und bilden die Jugendlichen ihre eigenen Wert- und Normvorstellungen • sie beurteilen eine Tat, unabhängig von anderen Personen, nach ihren Maßstäben und Gewissen

3.3.7 <u>Konzept der Moralentwicklung nach Kohlberg</u>

Anmerkungen zum Stufenmodell

- Weiterentwicklung des kognitiven Entwicklungsmodells von Piaget
- Leitidee: moralisches Denken ist Resultat der kognitiven Entwicklung eines Menschen
- das Modell beschreibt die Konfrontation von Kinder unterschiedlichen Alters mit verschiedenen Dilemma-Geschichten, woraus sich ihre Moral entwickelt
- Die einzelnen Stadien der Entwicklung können nur in der vorgegebenen Reihenfolge von statten gehen
- die Stadien geben Aufschluss über den Stand des moralischen Verständnisses

die Stufen moralischer Entwicklung nach Kohlberg

Ebene	Orientierung	wesentliche Elemente
präkonventionell (Handlungsfolgen)	1. Stufe: Bestrafung und Belohnung	Ich, Gehorsamkeit, Respekt vor Macht, Vermeidung von Sanktionen
Kinder bis 9 Jahre	2. Stufe: naiv-egoistisches Nützlichkeitskalkül	Bedürfnisbefriedigung der eigenen Person und anderer Leute
konventionell (Rollen, Erwartungen)	3. Stufe: Idealvorstellungen (was andere anerkennen) z.B. der starke Junge, das hübsche Mädchen	Handeln aus Respekt vor Freunden und Familie
Jungendliche bzw. junge Erwachsene (10 bis 15 Jahre)	4. Stufe: Gesetz und Ordnung, Aufrechterhaltung des sozialen Systems	Wohlergehen, Autorität und Ordnung der Gesellschaft werden berücksichtigt

Ebene	Orientierung	wesentliche Elemente
postkonventionell (gemeinsame Rechte, Prinzipien) nur Männer ab 20 Jahren	5. Stufe: Achtung individueller Rechte (z.B. Gleichwertigkeit)	Suche nach verfassungsgemäßen Prinzipien
	6. Stufe: universell-ethische Prinzipien (z.B. Menschenrechten)	Suche nach universell geltenden, ethischen Prinzipien

Ergebnis:

- Entfaltung des Moralbewusstseins geschieht durch (…)
  - eine Erweiterung des Sichtweise auf soziale Zusammenhänge
  - die fortschreitende Selbstständigkeit des moralischen Standpunktes
  - eine zunehmende Fähigkeit, moralisches Handeln mit vernünftigen Begründungen zu untermauern
- die postkonventionelle Ebene wird nur von sehr wenigen Menschen erreicht
- Kohlberg zufolge bleiben Frauen auf Stufe 3 und Männer auf Stufe 4 stehen → Kritik: Sind Frauen demzufolge moralisch unterentwickelt?
- Moralentwicklung führt gemäß C. Gilligan zu zwei verschiedenen Moraltypen:
  1. männliche Moral = gerechtigkeitsorientierte Moral
  2. weibliche Moral = fürsorgliche Moral
- Störungen aller Art in allen Phasen beeinflussen die menschliche Entwicklung
- Freiheit ist dadurch zu gewinnen, dass man sich der psychischen Zusammenhängen bewusst wird

Pro	Contra
• das Modell gilt universell, denn es gibt keine inhaltliche Vorgaben	• Modell ist kognitivistisch orientiert, allerdings wird moralisches Handeln gleichermaßen von emotionalen und sozialen Faktoren beeinflusst • wegen der geschlechtlichen Einseitigkeit sind die Ergebnisse nicht verallgemeinbar
• stellt eine grundlegende Möglichkeit dar, die moralische Entwicklung festzustellen	• Kohlberg unterschätzte moralische Fähigkeiten von Kindern • die Voraussetzungen und Möglichkeiten moralischer Entwicklung werden nicht hinreichend erklärt

3.3.8 pädagogische Konsequenzen

Faktoren der moralischen Entwicklung
- Ausprägung und Reifung der genetischen Anlage
- Konfrontation und Erfahrung mit der Umwelt
- soziale Erfahrung mit der Umwelt
- Selbstregulierung: Äquilibration und Selbsttätigkeit

Folgerungen für den pädagogischen Umgangs mit Kindern (bis 3 Jahre)

- Allgemein:
  - Lernprozesse anregen
  - Lernen mit allen Sinnenfunktionen
  - keine abstrakte Modelle, sondern reale Situationen schaffen
  - Aktivität des Lernenden steht im Mittelpunkt
  - Wiederholung und Übung
  - Entwicklungsbezogenheit
  - Individualisierung

- Methoden zum Assimilieren:
  - bekannte Strukturen aufzeigen
  - bekannte Spielformen anbieten, um die motorische Koordination und Geschicklichkeit zu stärken

- Methoden zum Akkommodieren:
  - bewusst eine Ungleichgewichtssituation provozieren
  - alternative (neue) Dinge anbieten
  - aus der Situation neue (unbekannte) Erfahrungen machen lassen, aber dennoch unterstützend wirken (falls nötig)
  - Beispiel: Das vierbeinige Tier auf der Straße ist kein „Wauwau“, sondern eine Katze

Möglichkeiten zur Förderung moralischen Denkens bzw. Handelns (Kohlberg-Ansatz)

- <u>Konfrontation mit Dilemma-Geschichten:</u>
  Kinder sollen lernen über ihrem tatsächlichen Niveau begründet zu argumentieren

- <u>Rollenübernahme:</u>
  - Rollenspiele haben die Funktion, die Haltung eines anderen nachzuvollziehen, um daraus ein Gleichgewicht bzgl. ihrer Wahrnehmung herzustellen
  - Möglichkeiten für Rollenspiele sind abhängig von Schichtzugehörigkeit, Sozialisation, Familie, Freunde, etc.
  - zudem lernt das Kind mit Imitationen, die Struktur der Interaktion (Struktur des eigenen Ichs und des anderen Ichs) kennen, indem es das Verhalten des anderen mit seinem eigenen vergleicht

- <u>der „Just-Community"-Ansatz:</u>
  - Rollenspiel: Schaffung demokratischer Schulen
  - Lehrer und Schüler sind gleichberechtigt (z.B. duzen sie sich)
  - Sicherheit wird für jeden gewährleistet, insbesondere für Schwache
  - Ältere sind moralische Vorbilder, zu ihnen schaut man auf
  - Mitgliedschaft in Vereinen
  - Konflikte werden diskutiert
  - das eigene und fremde Handeln wird reflektiert und bewertet

3.3.9 Vergleich der Entwicklungspsychologien

	Erikson	Piaget	Kohlberg
Grund-annahme	• psychosoziale Entwicklung • die Umwelt formt den Menschen • 8 Phasen bzw. Krisen • Erwachsene erziehen sich selbst	• 4 Stadien • kognitive Entwicklung von Kindern • Selbsttätigkeit und aktives Entdecken der Umwelt	• moralisches Denken entwickelt sich stufenweise • es entsteht durch die Konfrontation von Kindern mit Dilemma-Situationen
Modell	1. oral (ab 1. J.): Urvertrauen vs. Misstrauen 2. anal (ab 2. J.): Autonomie vs. Scham 3. infantil bzw. genital (3. bis 4. J.): Initiative vs. Schuldbewusstsein 4. latent (ab 5. J.): Kompetenz vs. Minderwertigkeit 5. Adoleszenz: Identität vs. Identitätsdiffusion 6. Intimität vs. Isolierung: Fähigkeit zur Bindung und Nähe 7. Generativität vs. Stagnation: Zeugen bzw. Gebären von Kindern 8. Integrität vs. Zweifel durch Erfahrung der vorherigen Phasen bestimmt	1. sensomotorisches Stadium (0. bis 2. J.): • Objektpermanenz • gezieltes Verhalten • Symbolverständnis • Sprechen vor der Handlung 2. präoperationale Phase (2. bis 7. J.): • Egozentrismus • kein Unterschied zwischen Fantasie und Realität • animalisches Denken 3. konkret-operationale Phase (7. bis 12. J.): • verschiedene Perspektiven • Hineinversetzen in Personen • Mitleid empfinden 4. formale Operation (11. bis 13. J.): • Metadenken • unterschiedliche Wege des Denkens • Moralentwicklung	präkonventionelle Ebene: 1. Orientierung an Strafe und Gehorsam 2. egoistische Orientierung konventionelle Ebene (Jugend-Adoleszenz): 3. Orientierung an personengebundener Zustimmung 4. Orientierung an Recht und Ordnung postkonventionelle Ebene (ab 20. J.): 5. Sozialvertrags-orientierung 6. Orientierung an ethischen Prinzipien

3.4 Identitätsbildung im Jugendalter nach J. Marcia

Identität

Summe der Persönlichkeitsmerkmale eines Menschen, die ihn einmalig und unverwechselbar machen sowohl in der persönlichen Betrachtung als auch durch seine soziale Umwelt

<u>Dimensionen der Identität:</u>

1. die Person, für die man sich hält
2. die Person, die man gerne sein und werden möchte
3. die Person, die man zu werden glaubt
4. die Person, für die andere einen halten
5. die Person, wie sie andere Personen gerne haben möchte

die Identitätsbildung im Jugendalter

- die Jugend entspricht der Zeitspanne vom Kind zum Erwachsenen
- der Mittelpunkt in der Identitätsfindung bildet die Auseinandersetzung zwischen den grundlegenden Wert- und Normvorstellungen der Gesellschaft mit der eigenen Person
- <u>die Identitätsfindung wird bestimmt durch</u> (...)
  - das Commitment (Selbstverpflichtung und Anerkennung von Werten)
  - und die Exploration (Suche nach Möglichkeiten bzw. Alternativen)
- hat der heranwachsende Mensch Probleme seinen Weg in der Identitätsbildung zu finden, läuft er Gefahr, sich selbst in einer Vielfalt von wagen Rollen zu verlieren

Identity Status Model

- <u>Ziel</u>: Erfassung des aktuellen Identitätsstatus
- <u>Mittel</u>: verschiedene für Jugendliche zeitgemäße und relevante Fragen (z.B. berufliche Pläne, Weltanschauung, Heirat)

3.4.1 Arten des Identitätsstatus

Identitätsstatus	Merkmale
1. diffuse Identität (identity diffusion)	• Identitätsstatus, bei dem Jugendliche ein geringes Interesse aufweisen, ihrer Verpflichtungen nachzugehen • sie zeigen wenig Bereitschaft, die Gestaltung ihrer eigenen Zukunft voranzutreiben oder dafür Strategien zu entwickeln • Jugendliche vermeiden es, ihre Überzeugungen und Werte zu erforschen und bleiben im gestaltlosen (amorphen) Stadium ohne eigene Meinung (Identitätsdiffusion)
2. Moratorium	• Identitätsstatus, in dem Jugendliche aktuell eine Identitätskrise durchleben • sie haben noch keine klaren Überzeugungen, welche Werte und Ziele sie für sich als verbindlich anerkennen wollen • sie setzen sich aktiv mit den vorhandenen Möglichkeiten auseinander (leichte innere Verpflichtungen) • „Welt ist kein vorhersehbarer Ort“ → wollen diese Einstellung jedoch ändern
3. übernommene Identität (foreclosure)	• Identitätsstatus, bei dem Jugendliche die Werte und Zielsetzungen von anderen Personen regelrecht übernommen und für sich als verbindlich akzeptiert haben • es werden Verpflichtungen eingegangen ohne die Alternativen zu erkunden • ihr Weltbild haben sie für sich selbst nicht kritisch hinterfragt → z.B. elterliche Ideen oder Glaubensvorstellungen (von Sekte, Clique)
4. erarbeitete Identität (identity achievement)	• Identitätsstatus, bei der der Mensch seine Identitätskrise erfolgreich bewältigt und daraus seine Persönlichkeit geformt hat • Einflüsse und Alternativen wurden in dieser Phase kritisch überprüft • zunächst haben sie verschiedene Werte und berufliche Möglichkeiten für sich reflektiert und sich schließlich für eine Richtung entschieden, welche sie fortan verbindlich verfolgen → eigener klarer Standpunkt • klare innere Verpflichtungen → Wechsel des Identitätsstatus durch Ungleichgewichte z.B. Tod, Umzug (= Wiederaufbau)

die Identitätszustände entstehen durch das Bestehen oder Nichtbestehen einer inneren Verpflichtung und dem Vorkommen oder Ausbleiben einer Krise:

- Jugendlichen gelingt es erst in der späten Adoleszenz, sich Merkmale zuzuschreiben, die miteinander vereinbar sind
- bei jungen Frauen und Männern finden die Identitätssuche und -findung grundsätzlich in gleicher Weise statt
- die Identitätsfindung für junge Frauen scheint allerdings komplexer, weil sie sich der Anforderung der Gesellschaft stellen müssen, den Beruf mit dem Familienleben zu kombinieren
- Frauen sind verhältnismäßig stark daran interessiert, sich über soziale Beziehungen zu definieren

Exploration	Maß an Verausgabung für Arbeit
Commitment	Maß an Akzeptanz gegenüber Arbeit

	niedrige innere Verpflichtung	hohe innere Verpflichtung
starke Krise und Erkundung	Auseinandersetzung mit Wertfragen	Festlegung selbst ausgesucht
keine Krise und Erkundung	keine Festlegung von Werten	Festlegung von Werten, die von Eltern vorgegeben sind

3.4.2 Identitätsdiffusion

Identitätsdiffusion

- zu viele Identitätsangebote stellen eine Gefahr dar
  → Diffusion

- Infragestellen aller bisher entdeckten Sicherheiten
  → soziale Rollen müssen neu gefestigt werden

- Hinterfragen von Umwelt
  → Entdecken von Schwächen der Mitmenschen

- Zu starke Kontrolle
  → kritiklose Unterwerfung gegenüber Autoritäten

- mögliche Fehlentwicklung:
  Magersucht, Drogensucht, Kriminalität

Arten der Identitätsdiffusion

1) Zeitdiffusion:
   Verzicht des Einlassens auf Zukunftspläne

2) peinigende Selbstbeobachtung:
   mangelndes Selbstbewusstsein und Festhalten an der delinquenten Identität

3) Arbeitshemmung:
   die Person definiert sich über ihre Leistungen, um das Selbstbewusstsein zu steigern, dennoch erhält sie eine geringe Anerkennung für ihre derzeitige Leistung

4) Bisexuelle Diffusion
   Inszenierung im eigenen Sexleben (der Mann als harter Draufgänger), wegen schwacher sexuellen Identität und Angst vor sexueller Herabsetzung

3.5 Persönlichkeit

3.5.1 Faktorenanalytische Ansätze

Eysencks Dimensionen der Persönlichkeit

- Die Beschreibung der Persönlichkeit nach Eysenck basiert auf dem Ansatz der statistischen Persönlichkeitsmodelle
- Persönlichkeiten lassen sich durch duale Dimensionen beschreiben:
  - Extraversion vs. Introversion:
    extrovertierte Menschen sind offen, gesellig
    vs. introvertierte Menschen sind zurückgezogen und eher schüchtern
  - emotionale Stabilität vs. emotionale Labilität
    ein emotional stabiler Mensch ist ruhig und regt sich nicht schnell auf vs. ein emotional labiler Mensch ist angespannt und nervös; ist dieser Mensch emotional sehr labil ist, wirkt er neurotisch
  - Psychotizismus vs. Realismus:
    normal in der Realität lebende Menschen
    vs. Menschen mit psychischer Störung

    → die Dimensionen sind voneinander unabhängig zu betrachten

"The Big Five" als Eigenschaftsmodell (Halverson/Costa und McCrae)

- dieses Persönlichkeitsmodell geht von fünf Persönlichkeitseigenschaften aus
- dabei wurden teilweise Persönlichkeitseigenschaften Eysencks mit einbezogen:
  - Verträglichkeit (Freundlichkeit, Empathie)
  - Offenheit für Erfahrungen (Neugier, Fantasie)
  - Gewissenhaftigkeit (Perfektionismus)
  - Extraversion (Geselligkeit) vs. Introversion (Zurückgezogenheit)
  - Stabilität vs. emotionale Labilität (Neurotizismus)

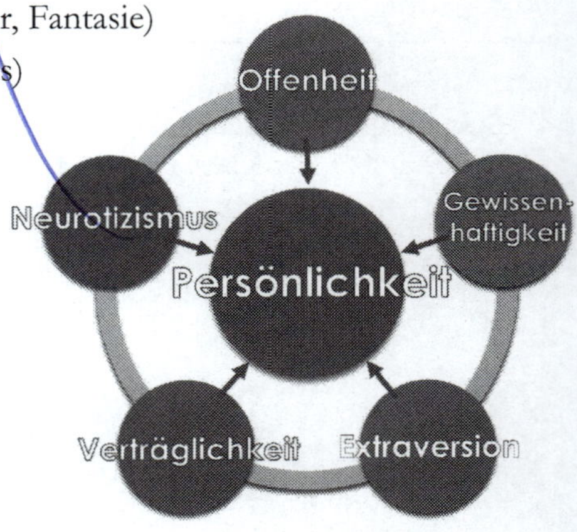

Quelle: Eganos; aus https://upload.wikimedia.org/wikipedia/commons/1/1e/Bigfive.png; unverändert

3.5.2 projektive und objektive Testverfahren

	projektive Testverfahren	objektive Testverfahren
Grundlage	• unstrukturierte, mehrdeutige Aufgabenstellungen (z.B. inakzeptable Wünsche und Triebe) • tiefenpsychologische Annahmen • Projektionshypothesen	• persönliche Merkmale sind durch empirische Forschung zu messen • Anwendung im Fünf Faktoren Modell (Big Five) der Persönlichkeit
Mess-parameter	• unbewusste Konflikte • dynamisch, strukturelle Aspekte über die Persönlichkeit	• abgrenzbare Persönlichkeitsmerkmale • empirisch nachgewiesene operationalisierte Merkmale
Ergebnis	• Entdeckung unbewusster Wünsche und Impulse • Kenntnisse über Motive, Triebe und gesellschaftliche Zwänge (z.B Murray needs und presses)	• numerische Werte • Aussagen über Veränderung und Stabilität der Persönlichkeit • individueller Ausprägungsgrad einer Eigenschaft (verglichen mit der Bezugsgruppe)
Aufgaben-stellung	• offene und teils kreative Aufgabenformen und Antwortmöglichkeiten (Ermessensspielraum bei der Auswertung)	• klar formulierte, geschlossene Aufgaben (Items) • standardisierte Aufgabenstellung (multiple-choice) • Auswertung mit Schablone oder Computer (keine Interpretation)
Einsatz-bereiche	• klinische Beobachtungen • Beratung als Gesprächsanlass • in Kombination mit anderen diagnostischen Verfahren	• klinische Gewinnung einer Diagnose • Eignungstest, Personalauslese z.B. im Beruf

3.5.3 Gütekriterien

Bedeutung

Studien sind aussagekräftig, wenn sie ein hohes Maß an Gütekriterien aufweisen
→ Störfaktoren sollten möglichst eingedämmt werden

Güte-kriterium	Beschreibung
Objekt-ivität	• besagt, dass jeder, der den Test durchführt, auswertet und interpretiert, zu demselben Ergebnis kommen muss → d.h. unabhängig von persönlichen (subjektiven) Eindrücken und Bewertungen • Ergebnisse müssen aus mehreren Beobachtungen angefertigt werden, sodass diese allgemeingültig sind **Einteilung:** 1. Durchführungsobjektivität: zwei Probanden zeigen bei der Verwendung desselben Messinstruments das gleiche Antwortverhalten 2. Auswertungsobjektivität: zwei Auswerter bekommen bei gleichem Antwortverhalten zu gleichen Messergebnissen 3. Interpretationsobjektivtiät: zwei Auswerter interpretieren die gleichen Auswertungsergebnisse in identischer Weise
Validität	inhaltliche Gültigkeit der Versuchsergebnisse • ein Test mit hoher Validität sagt aus, dass er auch das misst, was er zu messen vorgibt • ein valider Test, der Herzinsuffizienz misst, sollte demnach das Konstrukt Herzinsuffizienz erfassen, und nicht etwa das latente Konstrukt Luftnot (Symptom) **Einteilung:** 1. Kriteriumsvalidität: die Abweichung einer zweiten Messung mit einem Außenkriterium wird betrachtet (Außenkriterium ist unabhängig von der Messung) 2. Konstruktvalidität: in einem bestehenden Konstrukt werden die Auswirkungen möglichst vieler Variablen erfasst und die Beziehung zur Normvariable hergestellt

Güte-kriterium	Beschreibung
Relia-bilität	Zuverlässigkeit der Ergebnisse • kennzeichnet die Genauigkeit, mit der der Test ein bestimmtes Merkmal misst, unabhängig davon, ob er dieses Merkmal auch messen soll • der Test ist so ausgelegt, dass bei unterschiedlichen Probanden oder Proben zuverlässig die gleichen Eigenschaften gemessen werden • wird der Test verlängert, so verbessert sich seine Reliabilität; durch Verkürzung verschlechtert sie sich **Einteilung:** 1. Test-Retest-Methode: der Versuch wird zu einem anderen Zeitpunkt erneut durchgeführt. Die Korrelation der Testergebnisse wird betrachtet 2. Paralleltestmethode: die Messung erfolgt mit zwei vergleichbaren Messinstrumenten parallel. Die Korrelation der Ergebnisse der Messinstrumente wird betrachtet 3. Splithalf-Methode: Messinstrumente mit mehreren Indikatoren werden in zwei Hälften aufgeteilt. Die Korrelation der Ergebnisse zwischen den beiden Testhälften wird betrachtet

Beziehung der Testgütekriterien zueinander

die Gütekriterien sind voneinander abhängig (Hierarchie der Gütekriterien)

- eine hohe Objektivität ist die Grundlage für eine gute Reliabilität
- eine hohe Reliabilität ist notwendig, um eine hohe Validität zu erhalten
- Messfehler gehören dazu, weil alle Testwerte stets fehlerbehaftet sind

Korrelationskoeffizient (Zusammenhangsfaktor)

- positiver linearer Korrelationskoeffizient (z.B. 0,8)
  ein starker Effekt einer Variable führt zu einem starken Effekt einer anderen Variable (z.B. Muskelquerschnitt und Kraft)

- negativer linearer Korrelationskoeffizient (z. B. -0,8)
  ein starker Effekt einer Variable führt zu einem niedrigen Effekt einer anderen Variable (z.B. Finanzkrise und steigender Goldpreis)

- niedriger Korrelationskoeffizient (z. B. 0,1)
  geringe Korrelation bzw. Zusammenhang bei Veränderungen

  → Korrelationskoeffizienten geben keine Auskunft über die Ursache, d.h. warum eine Variable die jeweils andere beeinflusst

Bewertung von Studien nach (...)

- Titel
- Abstract
- Einleitung
- Material bzw. Methode
- Ergebnisse
- Diskussion und Schlussfolgerung
- Literaturverzeichnis
- Gütekriterien (Validität, Reliabilität, Objektivität)
- Größe der Stichprobe

3.5.4 Persönlichkeitstest und ihre Problematik

empirische und hermeneutische Testverfahren z.B. Freiburger Persönlichkeitsinventar (FPI)

- seit 2001 ein im deutschsprachigen Raum häufig verwendeter Test
- der Test erfasst ebenfalls die Persönlichkeitseigenschaften:
  - Extraversion und
  - Emotionalität

- Methode: 138 Fragen, die mit stimmt oder stimmt nicht beantwortet werden sollen

- Ziel: ergibt ein Profil über (…)
  - Lebenszufriedenheit
  - Emotionalität
  - soziale Orientierung vs. Leistungsorientierung
  - Gehemmtheit vs. Erregbarkeit
  - Aggressivität
  - Beanspruchung
  - körperliche Beschwerden und gesundheitliche Sorgen
  - Offenheit, Extraversion

- Beispiel:
  ich bin nie beleidigt, wenn es nicht nach meinem Willen geht
  → Offenheit

  ich ziehe das Handeln dem Pläneschmieden vor
  → Leistungsorientierung

- Besonderheit: der FPI besitzt eine Lügenskala, um festzustellen, ob die Person sozial erwünscht antwortet (Teilnehmer kreuzt nach einem Schema, was der Versuchsleiter hören will)

- Vorteil:
  er objektiv ist

- Nachteil:
  Test kann durch die „ja sage“ Tendenz oder durch die Tendenz zur Mitte verfälscht werden

3.6 höheres Erwachsenenalter

Erwachsenenalter	höheres Alter: 65 bis 80 Jahre; hohes Alter: ab 80 Jahren
Gerontologie	als Wissenschaft vom Altern umfasst die Gerontologie die Alterungsvorgänge des Menschen hinsichtlicher seiner medizinischen, biologischen, sozialen und psychologischen Veränderungen
Geriatrie	als Teilgebiet der Gerontologie beschreibt sie die Krankheiten des alternden Menschen (Arbeitsdisziplin der Medizin)
Geragogik	als Teilgebiet der Gerontologie umfasst sie die Inhalte und Methoden des Lernens bei älteren Menschen

3.6.1 Entwicklungsaufgaben im Alter

Entwicklungsaufgaben im Alter

1. Anpassung an die veränderte körperliche Leistungsfähigkeit
2. Erhalt einer größtmöglichen Autonomie
3. Finden einer neuen sozialen Identität
4. Erhalt der Lebensqualität
5. Auseinandersetzung mit dem Tod

kritischer Lebensereignisse im Alter

- Ausscheiden aus dem Berufsleben
- Nachlassen von körperlichen und geistigen Kräften
- Tod der Lebenspartner
  → Bewältigung dieser Krisen als Voraussetzung für erfolgreiches Altern, Wohlbefinden und Lebenszufriedenheit

Ausscheiden aus dem Berufsleben als kritisches Lebensereignis:

- geringere Einkünfte und ggf. niedrigerer Lebensstandard
- Abbruch vom Großteil beruflicher Kontakte
- großer Freiraum und viel Zeit
- Anerkennung und Selbstsicherheit aus dem Berufsleben entfällt

körperliche Veränderungen im Alter

- im Zuge des Alterungsprozesses kommt es zur Verminderung (...)
  - der Reaktionsgeschwindigkeit
  - im Erlebens- und Verhaltensbereich
  - der kognitive Leistungsfähigkeit
  - des Kurzzeitgedächtnisses
  - der Attraktivität (im Vergleich zum Gesellschaftsideal)
  - der Gesundheit (ggf. pflegebedürftig)

Problemsituation durch die Pflegebedürftigkeit eines Menschen:

1. Überforderung der nächsten Verwandten
2. alte Menschen wünschen sich erst spät in ein Altersheim zu ziehen
3. der höchste Stellenwert im Alter ist stets die persönliche Autonomie, d.h. das Leben in den eigenen vier Wänden
4. der Schritt ins Altersheim überfordert Pflegebedürftige massiv
5. ältere Mensch gewöhnen sich nur noch schwer an die neue Lebenssituation

Auswirkungen durch den Tod des Partners

- alleinige Entscheidungsfindung
- ggf. finanzielle Engpässe
- Abhängigkeit von der sozialen und emotionalen Unterstützung der Familie (v.a. während der Trauerphase)
- Auseinandersetzung mit dem eigenem Tod tritt in den Vordergrund
- eine neue oder veränderte soziale Identität muss angenommen werden

3.6.2 Defizitmodell

beispielhafte Abituraufgabe:
Stellen Sie dem Defizitmodell die kognitive Theorie des Alterns nach H. Thomae gegenüber.

Grundlage
- Körper- und Organfunktionen reduzieren sich (Sinneswahrnehmung z.B. eingeschränktes Hören und Sehen)
- Stärke des Bewusstsein und Interessen für Aktivität lassen nach

Disengagement- bzw. Rückzugstheorie
- Grundannahme
  - der Mensch verliert im zunehmenden Alter körperliche, kognitive, emotionale und soziale Fähigkeiten
    → Defizite gegenüber jungen Menschen
  - Rückzug ist Voraussetzung für erfolgreiches Altern

- Ursache:
  - Altern ist ein unumkehrbarer (irreversibler) Vorgang, bei dem sich viele Beziehungen zwischen der Person und seinem sozialen Umfeld lösen
  - der alte Mensch möchte sich zurückziehen
  - trennt seine unmittelbare Beziehung zur Gesellschaft
  - Vorbereitung auf das Lebensende

- Folge:
  - der Mensch erhält neue Freiheiten, die es ihm ermöglichen, ohne eingehende Normen zu leben
  - Abbau sozialer Kontakte

- Kritik:
  wer mit sich nichts unternimmt, gerät in eine unzufriedene Lebenssituation

3.6.3 <u>Aktivitätstheorie</u>

Aktivitätstheorie

- <u>Grundlage</u>:
  - Aufnahme, Erhaltung und Vertiefung sozialer Kontakte
    → Wertschätzung durch Gesellschaft
  - nur diejenigen Menschen können glücklich sein, die aktiv Dienste für ihre Gesellschaft leisten und viele Kontakte halten
    → Glück durch das Gefühl von anderen Menschen gebraucht zu werden

- <u>Problem</u>:
  - jedem Menschen sind in Gesellschaft bestimmte Rollen und Aufgaben zugewiesen, die aber im Alter abnehmen
  - alte Menschen werden von der Gesellschaft immer mehr aus Kontakten und Aktivitäten ausgegliedert, da sie nicht mehr im Berufsleben stehen

- <u>Kritik</u>:
  - Ältere Menschen haben oft nicht mehr genug Geld, um aktiv zu sein wie andere Personen
  - wer es zuvor nicht gewohnt war, aus Eigeninitiative zu handeln, wird im Rentenalter überfordert sein

3.6.4 Kompetenzmodell nach P. Baltes

beispielhafte Abituraufgabe:
Erläutern Sie das SOK-Modell und verdeutlichen Sie mit Hilfe von konkreten Beispielen, wie eine bedürftige Person dieses Modell am besten umsetzen kann.

Grundlage

- kein endgültiger Abbau, sondern Verschiebung der Entwicklungschancen
- körperliche Kompetenzen: Fahrradfahren, Schwimmen, Wandern
- soziale Kompetenzen: ehrenamtliche Tätigkeit, Enkelkinder, Stammtisch
- geistige Kompetenzen: Lesen, Rechnen, Träumen

Kompetenzmodell

- Grundlage:
  die Realität des Alterns ist trotz beobachtbarer Abbauprozesse und Verlusterlebnissen durch ein erhebliches Ausmaß an verbleibenden Kompetenzen gekennzeichnet

- Kompetenz:
  die Fähigkeiten des Menschen, die zur Aufrechterhaltung oder Wiedererlangung eines selbständigen Lebens in der Gesellschaft nötig sind. Die Kompetenz eines Individuums muss immer im Kontext der Anforderungen seiner konkreten Lebenssituation betrachtet werden

- basale Kompetenz:
  Grundfertigkeiten, die für eine selbständige Lebensführung notwendig sind und in der erfolgreichen Ausführung notwendiger Aufgaben des täglichen Lebens beobachtet werden können

- erweiterte Kompetenz:
  das alltägliche Leben älterer Menschen beschränkt sich allerdings nicht nur auf die Ausführung solcher, zum bloßen Lebenserhalt verpflichtenden Aktivitäten. Das Leben bei älteren Menschen ist ebenso durch eine Vielzahl von Freizeitaktivitäten und sozialen Aktivitäten gekennzeichnet

SOK-Modell

erfolgreiches Altern lässt sich nach dem SOK-Modell durch die Interaktion der drei folgenden Prozesse beschreiben (...)
1) Selektion
2) Optimierung und
3) Kompensation beschreiben

Selektion:
- Auswahl von Prioritäten in Funktions- und Verhaltensbereichen
- durch die Selektion wird eine Bündelung der (noch) vorhandenen Potenziale und Ressourcen erreicht
- das Individuum entscheidet sich dafür, weniger wichtige Ziele (Funktionsbereiche) durch persönlich wichtigere Ziele zu ersetzen
- <u>Beispiel</u>: nur ein Beet bepflanzen mit einer Frucht bzw. Gemüse anstelle den ganzen Garten zu bepflanzen

Optimierung:
- Steigerung und Wahrung von Handlungs- und Entwicklungsmöglichkeiten
- die übrig gebliebenen Tätigkeiten werden in Ruhe durchgeführt, es wird mehr Energie dafür aufgewendet
- dadurch verbessern sich die Tätigkeiten des alternden Menschen
- <u>Beispiel</u>: nur einen kleinen Garten pflegen

Kompensation:
- Ausgleich verminderter Potenziale und Ressourcen (Verluste) durch Maßnahmen zur Aufrechterhaltung von Zielen
- <u>Mittel</u>: Selektion und Optimierung von Funktions- und Verhaltensbereichen
- der bewusste Verzicht auf Aktivitäten in spezifischen Funktions- und Verhaltensbereichen kann dazu beitragen, dass die Lebensqualität im Alter aufrecht erhalten bleibt
- bei manchen Ausfällen muss externe Hilfe in Anspruch genommen oder auf Hilfsmittel zurückgriffen werden
- <u>Beispiel</u>: Gärtner als Hilfe, um Garten zu pflegen

Verlagerung:
- Verlagerung im Alter auf Selektion und Kompensation
- in sehr hohem Alter überwiegt die Kompensation

3.6.5 kognitive Theorie des Alterns nach H. Thomae

Grundlage:

- wie der Alternde seinen Altersprozess persönlich erlebt, hängt von seiner persönlichen Wahrnehmung bzw. Interpretation ab (= kognitive Repräsentanz)
- Im Mittelpunkt steht die subjektive Sicht der alten Person auf die objektiven Gegebenheiten

drei Grundannahmen

1) Verhaltensveränderungen sind eher verbunden mit der Wahrnehmung der verändernden Umwelt (subjektiv) als mit den tatsächlichen Umweltgegebenheiten (objektiv)

2) Die Wahrnehmung von Veränderungen hängt von den Einschätzungen, Bedürfnissen und Erwartungen der Bezugsgruppe ab

3) Voraussetzung für erfolgreiches Altern:
   - Übereinstimmung von Bedürfnissen und Lebenswirklichkeit
   - Gleichgewicht zwischen Wahrnehmung und Wirklichkeit
     → jeder Mensch hat einen individuellen Altersverlauf

Folgerungen aus der kognitiven Theorie des Alterns

ältere sowie jüngere Menschen können ihre Umgebung zur Förderung ihres Wohlbefindens umformen z.B. indem sie ihr eine neue Bedeutung verleihen

- das Verhalten eines Menschen ist vorwiegend durch die Art und Weise bestimmt, wie er sich und seine Umwelt wahrnimmt
- Lebenszufriedenheit im Alter wird damit nicht durch die Qualität der äußeren Lebenssituation bestimmt, sondern ergibt sich erst in der Auseinandersetzung des alternden Menschen mit seiner Lebenssituation
- der alternde Mensch kann seine Situation so deuten, dass sie Auswirkungen auf sein Leben hat
  → Mensch als aktives Wesen betrachtet

Thomae hat mit seiner Theorie entscheidend zum Verständnis des Altersprozesses beigetragen

- die Individualität des Altersverlaufs kann dadurch erklärt werden, dass sowohl die persönliche Kognition (d.h. subjektive Wahrnehmung) als auch die Motivation (subjektive Bedürfnisse) eine wichtige Rolle spielen
- er macht damit deutlich, dass es den Begriff „Altern“ nicht geben kann

4. Einheit – Bildungs- und Erziehungsprozesse

4.1 Erziehung, Bildung und Betreuung

Erziehung — bewusstes Handeln einer Person nach einem Leitbild (Erziehungsziel), wodurch bestimmte Lernprozesse bei einer anderen Person herbeigeführt und unterstützen werden sollen. Dadurch etablieren sich dauerhafte Veränderungen im Verhalten und Erleben dieser Person

Betreuung — weitreichender Begriff für die Beaufsichtigung, Versorgung und Pflege von Menschen

Bildung — der Vorgang und das Ergebnis der Aneignung von Wissen und Fähigkeiten durch die aktive Auseinandersetzung des Einzelnen mit seiner Umwelt

4.1.1 Bildung als Selbstbildung

Sprachentwicklung und Bedeutung des Spiels (G. Schäfer)

- G. Schäfer ist emeritierter Professor für Pädagogik
- seine Theorie bezieht sich stark auf Piaget
- praktisches Beispiel ist die Reggio-Pädagogik

- Ziel:
  - Mensch darin unterstützen, sein Leben und Zeit selbst gestalten zu können, anstelle den Menschen pädagogisch für ein bestimmtes System zu formen
  - die Sprache und das Spiel der Kinder stehen im Mittelpunkt

- Mittel:
  - Kritik an den einseitig rationalen, pädagogischen Leitlinien der Moderne
  - Erstellung von allgemeinbildenden, fachübergreifenden Lernangeboten auf einem relativen Niveau, d.h. den Bedürfnissen und Möglichkeiten der Kinder entsprechend (Elementarbildung)
  - Hervorhebung der Selbstbildung des Individuums

- Bildungsbegriff Schäfer:
  Bildung ist ein lebensbegleitender Prozess, bei dem sich die persönlichen, sozialen, geistigen, lebenspraktischen und kulturellen Kompetenzen entwickeln und entfalten z.B. durch Beziehungen, Anregungen, Selbsterfahrungen und Selbstbildung

- Wissen lässt sich nicht mit einem (Nürnberger) Trichter in die Köpfe eintrichtern, wenn das Kind nicht seinen Teil dazu beiträgt
  → die Bildung von Kindern kann man nur indirekt beeinflussen

- Frühkindliche Bildung beruht nach Schäfer damit auf (…)
  - der Selbst-Bildung (im Mittelpunkt)
  - Kanalisierung und Individualisierung der Stärken in der Bildung
  - Komplexität und Kreativität
  - innere Bilder und deren Verarbeitung
  - einem sozialen Prozess und der Ausbildung von Beziehungen
  - der Unterstützung der Erwachsenen

zwischen dem Kind und seiner Umwelt gibt es noch keine klaren Grenzen, wobei bei dem langsam einsetzenden Trennungsprozess folgende zwei Trennungspunkte erfolgen

1. schizoide Position:
   gute Erfahrungen schreibt sich das Kind selbst zu, die schlechten Erfahrungen der Welt bleiben außen vor (z.B. Ängste, Zerstörung)

2. depresse Position:
   - das Kind erlebt sich selbst als gut oder böse (innere Ambivalenz)
   - erst später wissen die Kinder, dass sie mithilfe der Sprache ihre Erfahrungen strukturieren können
   - Selbst-Bildung ist von außen nicht eindeutig steuerbar, der Mensch bildet sich selbst
   - Bildung entspricht daher nicht dem schulischen Wissen, sondern einen selbstgesteuerten Prozess für die Bewältigung der Herausforderungen im eigenen Leben
   - Mittel zur Bewältigung dieses Prozesses sind:
     Gefühlsbeherrschung, soziale Kompetenzen, praktisches Wissen, wie man lernt und sich eigenständig bildet

4.2 Erziehungsziele

Erziehungsziele — bewusst gesetzte Leitlinie für die Wert- und Normvorstellungen hinsichtlich der Erziehung. Durch sie kann stets sichergestellt werden, ob sich das eigene erzieherische Verhalten mit ihr deckt, d.h. das Outcome für die Zukunft positiv ist

4.2.1 Funktionen

Erziehungsziele fungieren zur (…)

1. Optimierung der Erziehungspraxis
2. Leitlinie und Organisation von Erziehung (z.B. Einsatz von Methoden und Verfahrensweisen)
3. Kommunikation, Zusammenarbeit und Ausrichtung der Erzieher
4. Verwirklichung von Wert- und Normvorstellungen sowie gesellschaftlichen Interessen
5. Bewertung des erzieherischen Verhaltens (Anlässe für öffentliche Diskussionen)

4.2.2 Zusammenhang von Werten, Normen und Erziehungszielen

soziale Werte

gegenwärtige Vorstellungen über wünschenswerte Eigenschaften und Verhaltensweisen innerhalb einer Gesellschaft. Sie geben eine allgemeine Zielvorstellung für das Verhalten von Menschen in einer Gruppe, sind allerdings noch keine Handlungsanweisungen

soziale Normen

konkrete Verhaltensregeln, die festgelegen, wie bestimmte Werte einer Gesellschaft auszuleben sind. Sie sind zwar nicht verpflichtend, stellen aber vielmehr ein ungeschriebenes Gesetz dar und regulieren entsprechend das Verhalten der Mitglieder einer Gruppe (Ausführungsbestimmungen)

4.2.3 Begründung

Bedingungen für Veränderungen von Erziehungszielen

(1) wirtschaftliche, kulturelle und soziale Interessen und Gegebenheiten

(2) politische Rahmenbedingungen

(3) Menschenbild und Weltanschauung

(4) wissenschaftliche Erkenntnisse

(5) Persönlichkeitsmerkmale des Erziehers und des zu Erziehenden

Rechtfertigung von pädagogischen Zielen

die Begründung pädagogischer Ziele erfolgt aus unterschiedlichen Perspektiven:

1. Wertphilosophische Begründung

- die Würde des Menschen bildet die Grundlage für die Begründung von Erziehungszielen (Basiswert einer humanen Gesellschaft)
  → Orientierung der Erziehungsziele an der Würde des Menschen

2. normative Begründung

- Erziehungsziele werden durch die für das Zusammenleben notwendigen sozialen Normen begründet
- diese sind dann gerecht, wenn sie ein geregeltes gesellschaftliches Zusammenleben ermöglichen
  → Orientierung der Erziehungszielen an den für das Zusammenleben notwendigen Werten und Normen

3. pragmatische Begründung

- Erziehungsziele werden durch die gegenwärtigen bzw. zukünftigen Aufgaben und Probleme begründet, welche zu bewältigen sind
- diese sind dann gerecht, wenn durch sie wichtige Kompetenzen erworben werden, die der Problemlösung von Aufgaben einer Gesellschaft dienen
  → Orientierung der Erziehungsziele an den anstehenden Aufgaben und Problemen der Zeit

4. anthropologische Begründung

- Erziehungsziele werden durch die Aussagen über das Wesen des Menschen begründet
- diese sind dann gerecht, wenn sie dem Wesen des Menschen entsprechen
  → Orientierung der Erziehungsziele am Wesen des Menschen

4.2.4 Mündigkeit nach H. Roth

Mündigkeit als pädagogische Zielvorstellung
Bereitschaft und Fähigkeit einer Person, das eigene und soziale Leben sowie die Sachwelt in Beruf, Umwelt und Politik zu bewältigen

pädagogische Mündigkeit

1. Selbstkompetenz (Umgang mit sich selbst)
2. Sozialkompetenz (Umgang mit anderen Menschen)
3. Sachkompetenz (Umgang mit der Sachwelt)

Selbstkompetenz	Fähigkeit mit der eigenen Person zurechtzukommen, seine Fähigkeiten zu entfalten, sein eigenes Leben zu gestalten und Verantwortung für die eigenen Handlungen zu übernehmen
Sozialkompetenz	Fähigkeit mit anderen Personen erfolgreich sozial zu interagieren z.B. in Familie und Freundeskreis
Sachkompetenz	Fähigkeit die Probleme der Sachwelt zu überwinden z.B. im Beruf, Politik bzw. Umwelt
Emanzipation	Einstellung einer Person sich von gesellschaftlichen Ansichten und Verhältnissen zu befreien, die ein pädagogisches Mündigwerden verhindern. Gleichzeitig wird um gesellschaftliche Bedingungen gekämpft, die ein Mündigwerden ermöglichen

4.2.5 Probleme pädagogischer Zielsetzung

Probleme und Vorurteile gegenüber pädagogischen Zielsetzungen

- Verdauung der Zukunftsoffenheit:
  Kinder werden nach zukünftigen Erziehungszielen erzogen. Allerdings lassen sich keine Ziele für die Zukunft aufstellen, weil die Gegebenheiten und Prioritäten der Zukunft nicht vorhersagbar sind

- Unsicherheit durch Werte- und Normenpluralismus:
  Vielzahl von teils widersprüchlichen Wert- und Normvorstellungen, Meinungen und Ansichten, die Eltern und Erzieher verwirren, was fördernd oder hemmend ist

- Normenkonflikt:
  zwei bewusst gesetzte Erziehungsziele stehen im Widerspruch zueinander
  → unrealistische und unerreichbare Ideale

- Leitbilder weltanschaulicher Manipulation:
  die Erziehung sei eine Formung des Menschen nach einem festgesetzten Schema (Gehirnwäsche). Dieser Ansicht zufolge gelten die Erziehungsziele nur als Zweck, die mit den Kindern (als Mittel) kombiniert werden müssten. Diese Sichtweise spricht dem Kind jegliche Selbstbestimmung und freie Entfaltung der Persönlichkeit ab

- Erzeugen falschen Bewusstseins:
  bestimmte Personen können mit Erziehungszielen ihre eigenen Interessen durchsetzen und bei anderen Menschen ein falsches Bewusstsein erzeugen. Damit könnten pädagogische Ziele missbraucht werden, um eigene Machtansprüche bewusst zu verschleiern (Extremfall)
  → Verschleierung von Macht und Interessensansprüchen

4.3 erzieherisches Verhalten

4.3.1 förderliche, gegenwirkende Einflussmöglichkeiten

a) unterstützende Erziehungsmaßnahmen

- Methode: alle Handlungen eines Erziehers, durch die ein angenehmer Zustand entsteht bzw. ein unangenehmer Zustand beseitigt wird

- Folge: Erlernen einer Verhaltensweise
- Mittel: Lob (materielle Verstärker) und Belohnung (sozialer Verstärker)

- zu den Wirkungen von Lob und Belohnung zählen (...)
  - erhöhte Auftretenswahrscheinlichkeit der erwünschten Verhaltensweise
  - angenehmes Gefühl beim Belohnten
  - Motivation des Belohnten, das erwünschte Verhalten zu wiederholen
  - Gefühl von Bestätigung, Sicherheit und Selbstvertrauen

- Vorteile des Herbeiführens von Erfolgserlebnissen (Ermutigung):
  - das Handeln des zu Erziehenden hängt nicht von der Belohnung bzw. Lob ab, sondern um der Sachen Willen
  - damit baut er eine sachbezogene Motivation auf, d.h. er verhält dies wegen seiner Freude zur Sache
  - der zu Erziehende ist nicht vom Wohlgefallen des Erziehers abhängig bzw. von diesem fremdbestimmt
    → Förderung von Selbstbestimmung

b) gegenwirkende Erziehungsmaßnahmen

- Methode: alle Handlungen eines Erziehers, durch die ein unangenehmer Zustand entsteht bzw. ein angenehmer Zustand beseitigt wird

- Folge: Verlernen einer Verhaltensweise
- Mittel: Strafe und Bestrafung
- Bestrafung 1. Art: Darbietung einer unangenehmen Verhaltenskonsequenz
- Bestrafung 2. Art: Verwehrung eines angenehmen Zustandes

- zu den Wirkungen von Strafe und Bestrafung zählen (...)
  - unangenehme Wirkung beim zum Erziehenden
  - Verlernen der unerwünschten Verhaltensweise

4.3.2 das typologische Konzept nach K. Lewin

Erzieh-ungsstil	Merkmale
auto-ritär	**Merkmale des autoritären Führungsstils:** alle Richtlinien werden vom Gruppenleiter festgelegt • es gibt nur einen Weg zum Erreichung eines Ziels • der Gruppenleiter entscheidet über sämtliche Maßnahmen • der Gruppenleiter bestimmt das gesamte Vorgehen, indem er von Fall zu Fall die einzelnen Tätigkeiten und Aufgaben vorgibt Kindern ist ihr zukünftiges Handeln oft nicht bewusst • für das Verhalten und deren Gelingen der Kinder ist allein der Gruppenleiter verantwortlich • so bestimmt der Gruppenleiter durch Befehle und Kommandos das Geschehen der Kinder Lob und Tadel sind nicht sachbezogen, sondern persönlich gehalten • die Kritik des Gruppenleiters ist nicht konstruktiv oder objektiv • tendenziell geringe Wertschätzung gegenüber der Gruppe **Auswirkungen des autoritären Führungsstils:** das Verhalten der Kinder ist gekennzeichnet durch (…) • wenig Spontanität und Kreativität, da Kinder ausschließlich auf die Initiativen des Gruppenleiters reagieren • homogene Gruppe mit uniformer Meinung • schwache Individualität der Kinder Verhältnis zum Gruppenleiter • sehr angespannt und konfliktträchtig • starke Abhängigkeit • unterwürfiges, aggressives und oppositionelles Verhalten (ggf. Rebellion) Verhältnis unter den Gruppenmitgliedern • der Zusammenhalt der Gruppe ist gering • gereizte und feindselige Interaktion • stark egozentrisches Sprachverhalten • Feindseligkeiten entladen sich auch gegen fremde Gruppen • Leistungserwartung ist hoch, aber erreichte Ziele werden nicht geschätzt häufige Ermahnung der Kinder bei der Durchführung des Vorhabens • Forderung zu Aufmerksamkeit und Beharrlichkeit • kein Beginn der Arbeit bevor Gruppenleiter den Raum betritt • sofortiges Sinken des Arbeitsniveaus, wenn Leiter den Raum verlässt • erst nach Rückkehr steigt das Arbeitsniveaus wieder an

Erziehungsstil	Merkmale
demokratisch	**Merkmale des demokratischen Führungsstils:** der Gruppenleiter liefert der Gruppe einen Überblick und das Ziel über die Gesamttätigkeit • die Festlegung der Richtlinien und Arbeitsabschnitte durch den Leiter • mittels Gruppendiskussionen werden Maßnahmen ausgewählt • Gruppenleiter fungiert nur anregend und ermunternd alle wichtigen Entscheidungen entspringen aus der Gruppendiskussion • die Gruppe ist für ihr Handeln und Ergebnis selbst verantwortlich • Selbstbestimmung der Gruppe • bei komplexen Problemen liefert der Gruppenleiter eine Auswahl mehrerer Lösungsmöglichkeiten • die Auswahl und Entscheidung liegt bei den Kindern der Gruppenleiter ist mit seinem Eingreifen äußerst sparsam, um die Selbstständigkeit der Kinder nicht zu gefährden • Der Leiter wirkt unterstützend und ermutigend • Verbote sowie Anweisungen werden vom Leiter sachlich begründet Lob und Tadel werden vom Gruppenleiter stets objektiv erteilt • er bemüht sich um konstruktive Kritik • Lob und Tadel erfolgen sachbezogen • Im Fokus des Gruppenleiter stehen hohe Wertschätzung und persönliche Gespräche mit den Kindern über ihre Probleme **Auswirkungen des demokratischen Führungsstils:** das Verhalten der Kinder ist spontan • sie ergreifen von sich aus Initiative • ihre Verhaltensweisen sind vielfältig, individuell, produktiv und konstruktiv es herrscht eine ausgeglichene Atmosphäre • Verhältnis zum Leiter ist freundlich, positiv, frei und wenig unterwürfig • gegenseitige Anerkennung und konstruktive Anregung das gruppeninterne Verhalten ist charakterisiert durch (...) • einen engen stabilen Zusammenhalt • ein Überwiegen freundlicher und hilfsbereiter Kommunikation • hohe Anerkennung von Leistung die Aufnahme der Arbeit ist nicht vom Gruppenleiter abhängig • es gibt keine wesentlichen Veränderungen im Arbeitsniveau, wenn der Leiter den Raum vorübergehend verlässt • gemeinsame Bewältigung von Schwierigkeiten

Erzieh-ungsstil	Merkmale
laissez-faire	**Merkmale des laissez-faire Führungsstils:** der Gruppenleiter verhält sich weitestgehend passiv • er macht nur minimale Vorgaben • seine Rolle beschränkt sich vor allem auf das Einbringen unterschiedlicher Materialien → Verzicht jeglicher Grenzen und Regeln der Gruppenleiter gewährt völlige Freiheit hinsichtlich der Aktivitäten und Entscheidungen • das gesamte Vorgehen wird allein den Kindern überlassen • die Kinder erhalten nur auf ihr ausdrückliches Verlangen hin Informationen die Arbeitsergebnisse werden kaum bewertet: der Gruppenleiter verhält sich gegenüber seinen Gruppenmitgliedern neutral **Auswirkungen des laissez-faire Führungsstils:** einige Kinder sind unzufrieden mit der Situation • sie sind enttäuscht darüber, dass bei ihren Vorhaben nichts Sinnvolles zustande kommt • der Gruppenleiter macht häufig Vorschläge zur gemeinsamen Gruppenaktivitäten, setzt sie aber in der Realität nicht um Verhältnis gegenüber dem Gruppenleiter • Unzufriedenheit gegenüber dem Gruppenleiter • Kinder beklagen zu große Freiheit • benötigen Orientierung und sehnen sich nach einem Leitbild Atmosphäre in der Gruppen • starke Gereiztheit, die sich immer wieder in Aggressionen entlädt • kein enger Zusammenhalt unter den Gruppenmitgliedern keine Wertschätzung von Leistung und Ergebnis • planloses und unproduktives Verhalten • verlässt der Gruppenleiter den Raum wird die Gruppe meist von einem Gruppenmitglied geleitet, wobei das Arbeitsniveau dabei ansteigt

elterliche Erziehungsstile

Erziehungsstil	Merkmale
autoritativ-reziprok	• hohes Maß an elterlicher Kontrolle und strikter Kommunikation • Eltern üben ihre Macht aus und sind zurückweisend • dennoch viel Wärme für das Kind • soll sich auf das spätere Verhalten positiv auswirken
autoritativ-autokratisch	• starke elterliche Kontrolle • wenig Sensibilität • Eltern geben klare Struktur
nachgiebig-permissiv	• Eltern akzeptieren und fordern wenig • wenig Kontrolle
indifferenter-unbeteiligt	• Vernachlässigung seitens der Eltern • wenig Kontrolle und Orientierung

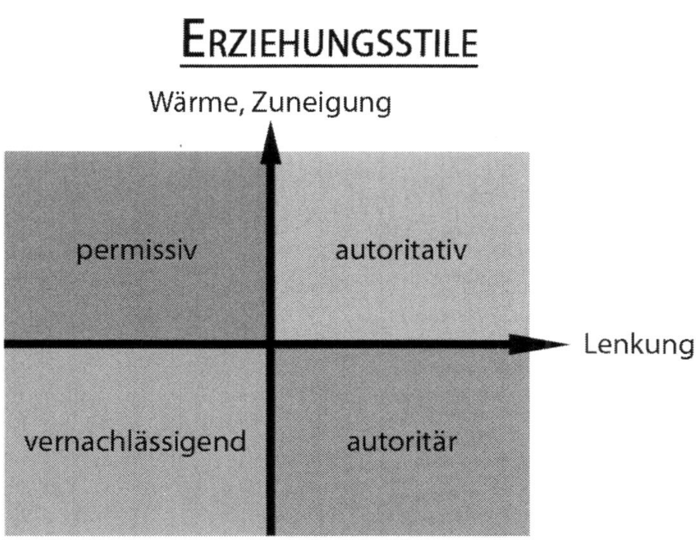

Quelle: Bzzz; aus: https://upload.wikimedia.org/wikipedia/commons/d/dd/Erziehungsstile_nach_Rheinder.png; unverändert

4.3.3 das dimensionsorientierte Konzept nach Tausch und Tausch

Dimension die Beziehung von ähnlichen und einander entsprechenden Perspektiven. Sie werden mittels Skalen ermittelt

vier Dimensionen nach A. Tausch und R. Tausch

Ziel die Aufnahme positiver emotionaler Beziehungen

1) emotionale Dimension

- entspricht der Wertschätzung als gefühlsmäßige Einstellung gegenüber anderen Person, die charakterisiert ist durch (...)
  - die Achtung, Anerkennung und das Wohlwollen des Gegenübers
  - der Zugewandtheit, Interesse, Aufmerksamkeit und Freundlichkeit
- Dimension: hohe Wertschätzung ↔ geringe Wertschätzung

2) Dimension der Echtheit

- entspricht der erzieherischen Einstellung, bei der der Erzieher (...)
  - dem zu Erziehenden gegenüber aufrichtig ist und
  - mit seinem Verhalten den Einstellungen des zu Erziehenden nahe kommt
- Dimension: Echthheit ↔ Fassadenhaftigkeit

3) Lenkungsdimension

- entspricht allen Tätigkeiten und Aktivitäten, die mit der Wertschätzung, dem Verstehen und der Einsicht übereinstimmen
- Dimension: fördernde, freie Tätigkeiten ↔ hemmende, freie Tätigkeiten

4) Dimension der Einfühlung

- entspricht der erzieherischen Einstellung gegenüber dem zu Erziehenden, die gekennzeichnet ist durch (...)
  - das Einfühlen in die innere Welt eines anderen
  - die Wahrnehmung und vorstellungsmäßige Vergegenwärtigung der subjektiven Welt einer anderen Person
- Dimension: vollständiges Verstehen ↔ kein Verstehen

4.3.4 autoritative Erziehung

Merkmale der autoritativen Erziehung

- Festlegung klarer Regeln
- hohe Erwartungen und Forderungen an die Leistung (dennoch realistisch)
- hohe Wertschätzung
- Förderung des Strebens nach Autonomie und Selbstbestimmung

das „positive Erziehungsprogramm" (Triple P)

- Positive Parenting Program (Triple P) ist weltweit ein anerkanntes verhaltenstherapeutisches Elternprogramm
- es wurde von Matt Sanders 1980 geschaffen und dient der Hilfe von Eltern bei der Erziehung ihrer Kinder
- Methode: Einsatz des stillen Stuhls
  - Kinder müssen je nach Alter 1 bis 5 Minuten lang ruhig auf einem Stuhl sitzen, während man sie ignoriert
  - bis es sich besonnen und beruhigt hat, wird das Kind für einige Minuten als Auszeit in ein anderes Zimmer geschickt
  - Voraussetzung: stabile emotionale Beziehung zum Kind

Bedeutung der positiven emotionalen Beziehung

- das pädagogische Verhältnis zum Kind bildet den Grundstein für eine gelingende Erziehung
- Mittel: Aufbau positiver emotionaler Beziehungen z.B. durch bedingungslose Wertschätzung (s. dimensionsorientiertes Konzept nach Tausch)
- Folge: positive emotionale Beziehungen bleiben nicht nur in den ersten Lebensjahren, sondern über das ganze Leben in allen Erziehungssituationen und in jedem Alter bestehen

5 Einheit – Medienpädagogik

Medium	ein Instrument, das der Übertragung von Informationen unter Personen dient (digitale Kommunikation)
Massenmedien	Medium, dass Millionen von Menschen täglich erreicht und die Hauptinformationsquelle bildet z.B. Internet, Handy, Fernsehen, Zeitung, Radio, Filme
Medienpädagogik	umfasst erzieherische Grundlagen hinsichtlich den Themen und Problemen, die im Zusammenhang mit den verschiedenen Medien stehen
Medienerziehung	die Erziehung zur Handhabung von Medien (z.B. kritischer Umgang)

5.1 allgemeine Theorien zur Medienwirkung

5.1.1 <u>allgemeine Wirkung von Massenmedien</u>

allg. Wirkungseffekt medialer Inhalte	Veränderung von Einstellungen und Verhaltensweisen des Rezipienten (Konsumenten)

allgemeine Funktionen von Massenmedien

- Informationsvermittlung
- Meinungsbildung der Bürger (z.B. politische Willensbildung)
- Kontrollfunktion, d.h. sie kritisieren das Handeln öffentlicher Personen wie beispielsweise die Politiker im Bundestag (fungieren als 4. Organ in der Gewaltenteilung)
- Unterhaltung (Infotainment)
- schaffen Kommunikationsmöglichkeiten sowie Teilhabe an gesellschaftlichen Prozessen (z.B. Petitionen)

folgende Wirkungszusammenhänge von Medien:

<u>Kinder bis zum 6. Lebensjahr erleben Filme anders als ältere Kinder</u>

- die Situationen im Film betrachten sie als wirklich
- sie beziehen alle Geschehnisse auf ihre eigene Person und nehmen Dinge als lebendig und beseelt wahr

<u>ältere Jugendliche und Erwachsene gehen reflektierter mit Medieninhalten um</u>

- sie können ihre Aufmerksamkeit steuern und wählen aus, welchen Aspekten sie Beachtung schenken
- sie vergleichen die Medieninhalte mit ihren eigenen Überzeugungen (Lebensansichten)

<u>die Wirkung von Medien betrifft die Denkprozesse sowie den Körper</u>

- reale und mediale Erfahrungen können sich vermengen
- sie können dabei bereits vorhandene Denkstrukturen und körperliche Befindlichkeiten verfestigen oder verändern

<u>mediale Inhalte zwingen nicht zum Übernehmen von Handlungen</u>

- Gewalttätige Inhalten führen nicht automatisch zu mehr Kriminalität
- allerdings fördern sie die Bereitschaft und setzen die Hemmwelle herab

Stimulus-Response-Theorie (Reiz-Reaktions-Modell)

- Grundlage:
  - das Modell besagt, dass Medieninhalte von allen Rezipienten gleich wahrgenommen und folglich identische Reaktionen auslösen
  - Massenmedien haben eine besonders starke Wirkung
  - alle Mitglieder der Gesellschaft sind durch die Massenmedien beeinflussbar

    → liefert v.a. Erklärungen über die Auswirkungen von Gewalt-, Horror- und pornografische Darstellungen

- Wirkungsweise:
  - eine gewünschte Wirkung wird erzielt, wenn alle Reize, die in die gewünschte Richtung gehen, verstärkt dargeboten werden
  - Reize, die dieser gewünschten Beeinflussung entgegenwirken, müssen unterdrückt werden
  - nach einem Reiz entsteht immer eine Wirkung

- Kritik:

  es handelt sich um eines der Modelle der Medienwirkung, das am frühesten vielfach widerlegt wurde

5.1.2 Zweistufenfluss der Kommunikation

Zweistufenfluss der Kommunikation (two-step flow of communication)

- das Modell beschäftigt sich mit der Verarbeitung von Informationen durch Massenmedien
- Massenmedien wirken nach diesem Modell zweistufig:

  1. Stufe:
  Massenmedien informieren Meinungsführer (fachkundige, einflussreiche Individuen mit vielen sozialen Kontakten z.B. Tagesthemen)

  2. Stufe:
  Meinungsführer geben die von ihnen gefilterten Informationen durch direkte Kommunikation an die weniger aktiven Teile der Bevölkerung weiter z.B. normaler Bürger)

  → Die Meldungen der Massenmedien gelangen nicht direkt an die Hauptkonsumenten. Die Meinung der Zuhörer (Rezipienten) wird damit beeinflusst

- Kritik:
  - Fixierung auf zwei Stufen
  - Selbsteinschätzung der Meinungsführer
    → methodischer Mangel
  - scharfe Abgrenzung von Meinungsführern und Rezipienten (Gefolgsleuten)
  - keine Unterscheidung zwischen Informationsfluss und Beeinflussung
    → können nicht in nur zwei Stufen gegliedert werden
    → die Strukturen der persönlichen Kommunikation sind viel komplexer (mehrstufiger Informationsvermittlungsprozess)

5.1.3 Nutzenansatz

Nutzenansatz (Uses- and Gratifications Approach)

- Grundlage: im Zentrum steht die aktive Rolle der Konsumenten bei der Auswahl und dem Umgang mit Medien
- der Nutzenansatz sucht nach den Motiven und Bedürfnissen, ganz bestimmte Medienangebote zu nutzen

- Der erweiterter Nutzenansatz fragt (...)
  - nach dem Katalog der Bedürfnisse, die ein Rezipient hat
  - Angebot von Medien, das die Bedürfnisse am ehesten befriedigen kann

- Verschiedene Bedürfnisse werden unterschiedlich befriedrigt:
  1. kognitive Bedürfnisse → Informieren
  2. affektive Bedürfnisse → Unterhaltung, Spannung und Entspannung
  3. interaktive Bedürfnisse → Gespräche, Beziehungen

- Selektive Zuwendung:
  Auswahl von Medieninhalten, die den eigenen Standpunkten des Rezipienten entsprechen

- Selektive Wahrnehmung:
  Wahrnehmung von Medienangebot, deren Inhalte zur eigenen Einstellung passen

- Selektives Behalten:
  konsistente und gleiche Inhalte werden sich besser gemerkt
  → Die Auswahl eines Mediums richtet sich nach der Nutzenerwartung und der Bedürfnisbefriedigung des Medienangebots

- Kritik:
  - Hervorhebung der Autonomie der Person
  - der Rezipient ist sich seinen Bedürfnissen bewusst
  - die Qualität der Bedürfnisbefriedigung wird nur mangelhaft thematisiert
  - der Konsument ist Teil einer Gesellschaft und wird auch dadurch beeinflusst

5.1.4 Thematisierungsansatz

Thematisierungsansatz (agenda setting approach)

- Weil Massenmedien bestimmen, worüber erstattet wird, bilden sie die öffentliche Meinung der Bürger
- je stärker und häufiger ein Thema thematisiert wird, desto präsenter ist es im öffentlichen Diskurs
- Vorwurf gegenüber den Medien
  - Medien würden mit ihren Beiträgen dauernd nur über die gleichen Themen berichten bzw. thematisieren bestimmte Themen deutlich häufiger als andere
  - durch die fortlaufend gleiche Berichterstattung eines Themas wird diese Sichtweise auch künftig (zwangsläufig) von den Konsumenten übernommen

    → langfristig würden sich die Aussagen der Massenmedien in den Köpfen der Konsumenten verfestigen und ihr Weltbild gestalten (Vorwurf der Indoktrination)

- kognitive Dissonanz:
  Informationen, die der eigenen Meinung ähnlich sind, werden schneller aufgenommen
- second level agenda setting:
  - durch Selektion, Hervorhebung und Auslassung lenken Medien die Aufmerksamkeit auf bestimmte Objekte, damit wird der Information einen Rahmen gegeben und die Einordnung erleichtert (→ framing)
  - an Medieninhalte, die bereits früher präsentiert wurden, wird sich bei ihrer Wiederholung im Gedächtnis schneller erinnert (→ priming)

5.1.5 Ansatz zur Wirklichkeitskonstruktion

Ansatz zur Wirklichkeitskonstruktion (reality construction approach)

- Rezipienten benutzen die Informationen über die Wirklichkeit durch die Medien, um ihre eigene Wirklichkeit zu konstruieren
- Konsumenten übernehmen häufig kulturelle Muster kritiklos auf, die durch die Medien vermittelt werden
- da die Medieninhalte individuell ausgewählt werden, d.h. es werden nur die konsumiert, die den eigenen Wert- und Normvorstellungen entsprechen,
- Damit werden gerade viele Informationen aus diesen Quellen übernommen (z.B. Ansichten und Einstellungen aus dem Fernsehen)
  → Auswahl, welcher Wirklichkeitskonstruktion sich der Mensch aussetzen will

5.1.6 Wissenskluft-Hypothese

Wissenskluft-Hypothese (knowledge-gap hypothesis)

- die kognitiven Inhalte der verschiedenen Medien werden nicht von allen Teilen der Bevölkerung gleich genutzt
- Schichten mit hohem sozialökonomischen Status (z.B. Akademiker) eignen sich ihr Wissen aus Massenmedien wesentlich intensiver und reflektierter an als Bevölkerungsschichten mit niedrigerem sozialökonomischen Status

- Die daraus resultierende Wissenskluft wird immer größer

5.2 Auswirkungen von Gewalt-, Horror- und pornografischen Darstellungen

5.2.1 <u>Stimulationsthese</u>

Stimulationsthese:
- Gewalt, Horror, pornografische Darstellungen in Medien enthemmen menschliches Verhalten und regen zum Nachahmen an
- das Ansehen von Gewaltdarstellungen erhöht kurzfristig die eigene Aggressionsbereitschaft (Bereitschaft zu gewalttätigem Handeln)
- diese Bereitschaft ist insbesondere nach frustrierenden Erlebnissen und Konsum medialer Gewaltdarstellung erhöht

5.2.2 <u>Katharsisthese</u>

Imitationsthese (Katharsisthese):
- Aggression und Gewalt werden durch Nachahmung gelernt
- das Bedürfnis, aggressiv zu handeln, entwickelt sich über einen längeren Zeitraum und entlädt sich ab einem bestimmten Zeitpunkt, wenn die innere Spannung stark zunimmt (z.B. nach einem Konflikt)
- aggressive Handlungen können daher präventiv verhindert werden
- das Beobachten von Gewalt schwächt die eigenen Aggressionen, da der Zuschauer in seiner Fantasie selbst gehandelt hat

5.2.3 <u>Habitualisierungsthese</u>

Habitualisierungsthese:
- das häufige Ansehen von Gewaltdarstellungen führt zu Gleichgültigkeit bzw. Abstumpfung gegenüber diesem Verhalten (= Gewöhnung)
- der Konsument entwickelt eine falsche Sichtweise der Realität und hält die Welt für einen gefährlichen und feindseligen Ort
- dieser Gewöhnungseffekt wird allerdings nicht durch einen Film ausgelöst, sondern durch das wiederholte Konsumieren der aggressiven Handlungen
- der Rezipient sieht die Gewaltanwendung selbst als ein Mittel, dass er in entsprechenden Situationen anwenden kann

5.2.4 <u>Inhibitionsthese</u>

Inhibitionsthese:
- das Beobachten von aggressivem Verhalten löst beim Zuschauern Schuldgefühle oder Ängste aus, die eigene Aggressionen unterdrücken
- Menschen, die die Folgen von Gewalt anschauen, tendieren weniger dazu, selbst aggressiv zu handeln im Vergleich zu den Personen, die nur die aggressiven Handlungen ohne deren Folgen angesehen haben

5.3 sozial-kognitive Theorie zur Erklärung der Wirkung medialer Modelle

5.3.1 Bedingungen der Medienwirkung

folgende Faktoren bestimmen die Bereitschaft, ein Verhalten nach medialem Konsum nachzuahmen *(im Sinne der sozial-kognitiven Theorie nach Bandura):*

- die Persönlichkeitsmerkmale des Modells im Medium
- die Persönlichkeitsmerkmale des Rezipienten
- die Art der Beziehung, die der Rezipient zum Modell im Medium entwickelt
- die gegebene Situation, in der das Medium konsumiert wird
- die Bekräftigungen, die der Rezipient erfährt bzw. erwartet

- Ergebniserwartung:
  die Konsequenzen, die sich eine Person vom Nachahmen eine Verhaltensweise verspricht

- Kompetenzerwartung:
  die subjektiven Einschätzung der eigenen Fähigkeiten, die zum Nachahmen benötigt werden

- die Selbsteinschätzung des eigenen Verhaltens
  Menschen zeigen Verhalten, welches sie selbst positiv empfinden und lehnen Verhalten ab, das sie persönlich als negativ wahrnehmen
  (Aussicht auf Selbstbekräftigung)

- die Selbstwirksamkeit:
  die eigene Überzeugung, bestimmte Situationen aus eigenen Mitteln kontrollieren und bewältigen zu können

Quelle: Philipp Guttmann online: https://upload.wikimedia.org/wikipedia/de/1/1e/Attributionstheorie_nach_Harold_Kelly.png; unverändert

5.3.2 Rocky-Experiment von A. Bandura

das Rocky-Experiment von Bandura:

- 4 jährige Kinder wurden in drei unabhängige Gruppen eingeteilt
- diese schauten einen Film, bei dem ein Erwachsener (Rocky) eine Puppe misshandelt (z.B. durch schlagen, treten, beschimpfen)

der Film zeigte die unterschiedlichen Reaktionen auf Rockys Verhalten:

1. Rockys Verhalten wurde belohnt (= stellvertretende Bekräftigung)
2. Rockys Verhalten wurde bestraft
3. Rockys Verhalten hatte keine Konsequenzen (Kontrollgruppe)

nachdem die Kinder in einen Raum mit Spielsachen (auch mit Puppe) geführt wurden, wurde ihr Verhalten beobachtet

1. wenn Rockys Verhalten gelobt wurde, haben viele Kinder sein Verhalten nachgeahmt
2. wenn Rockys Verhalten bestraft wurde, haben nur wenige Kindern sein Verhalten nachgeahmt
3. wenn man den Kindern Süßigkeiten angeboten hat, damit sie die Puppe schlagen, dann zeigten alle das Verhalten
4. Jungen wiesen, unabhängig von der Verstärkung, eine höhere Nachahmungsquote bei aggressivem Verhalten auf als Mädchen

5.3.3 Gefahren durch übermäßigen Medienkonsum

beispielhafte Abituraufgabe:
Nehmen Sie Stellung zur These, dass durch Herrschaftstechniken und Marketingtechniken ein starker Zugriff ins Unbewusste möglich sei.

Gefahren durch übermäßigen Medienkonsum

langfristiger und zeitintensiver Medienkonsum führt zu folgenden Fehlentwicklungen:

Bereich	Merkmale
körperliche Fehlentwicklung	• Kopfschmerzen und Schlafstörungen • Nervosität • Sinnesstörungen (z.B. Beeinträchtigung der Sehschärfe) • Bewegungsmangel • Tendenz zum Übergewicht mit Verdauungsstörungen • Haltungsfehler • schwaches Immunsystem • Schäden der Wirbelsäule (Nacken- und Lendenbereich) • Angst- und Schockreaktionen
emotionale Fehlentwicklung	• Abstumpfung und Gefühlsverflachung • Aggressivität • Realitätsmangel • Borderline Syndrom • mangelndes Selbstbewusstsein • schnelle Reizbarkeit
kognitive Fehlentwicklung	• Konzentrationsmangel • ADS bzw. ADHS • Hirnentwicklungsstörungen • mangelnde Kreativität • Suchtgefahr • Absinken der Schulleistungen und Lernschwierigkeiten • Veränderung des Weltbildes • unausgereifte Denkprozesse
Sozialverhalten	• Kommunikationsschwäche • Isolation zur Außenwelt • aggressives Verhalten • Abgrenzung von Freunden • Schüchternheit • Veränderung der Sprache

5.4 Medienerziehung

5.4.1 Ziel der Medienerziehung

mündiger Rezipient

der Rezipient soll (…)

- sich für bestimmte Teile des Medienangebots bewusst entscheiden
- das ausgewählte Angebot kritisch hinterfragen
- sich abschließend entscheiden, welche Bedeutung der ausgewählte Beitrag für ihn selbst und seine Umgebung haben kann

Ziele der Medienerziehung

- Medienkompetenzen beinhalten (…)
  - Bedienung und Handhabung von Medien
  - Gestaltung von Medien
  - kritischer Umgang mit Medien

- Verstehen und Aufmerksamkeit sind abhängig von (…)
  - den medialen Aussagen
  - dem emotionalen und sozialen Zusammenhang
  - dem Alter des zu Erziehenden
  - der Menge der medialen Aussagen (Dauer und Häufigkeit)

Bedingungen zur Ausbildung eines windigen Rezipienten

die Medienpädagogik muss beim Konsumenten folgende Aufgaben bewältigen:

- Sachwissen und Kenntnis über Massenmedien vermitteln
- Möglichkeiten schaffen, um die unterschiedlichen Aussagen von Massenmedien zu verstehen und zu vergleichen sowie die damit verbundenen Reaktionen kritisch zu hinterfragen
- ein Bewusstsein für die Wirkung von Massenmedien auf den Einzelnen herstellen

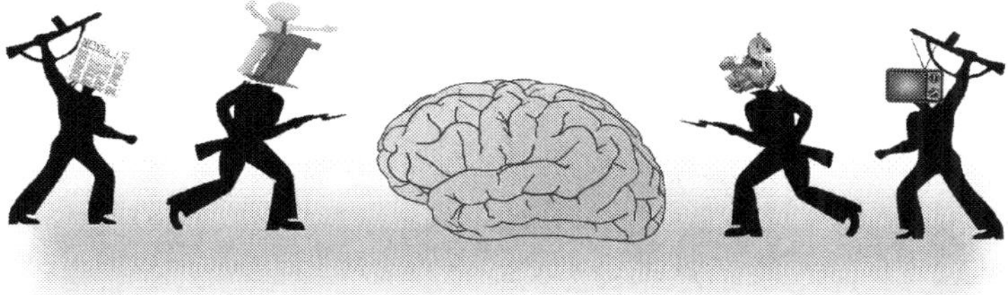

5.4.2 Möglichkeiten der Medienerziehung

Möglichkeiten der Medienerziehung

- bewusste Auswahl von Medien
- begrenzte Medienzeit
- Hilfestellung bei der Verarbeitung von Medieneindrücken
- begrenzter und konsequenter Zugriff auf das Internet
- Berücksichtigung, welche persönlichen Informationen im Netz veröffentlicht werden
- Auseinandersetzung und Bewertung von Medienmodellen
- Kontrolle des Medienkonsums
- bewusstes Einsetzen von Medien in der Erziehung
- Vorbildfunktion der Eltern und anderer Autoritätspersonen

Umgang junger Menschen im Rahmen der Medienerziehung

Jugendliche sollen (…)

- die Verbreitung und Wirkung von Medien kennenlernen
- Medien verstehen, gestalten, beurteilen und einsetzen können
- Medien im Kontext der gesellschaftlichen Bedingungen betrachten

Danksagung

Ich danke Ihnen herzlich für den Kauf dieses Buches und hoffe sehr, dass Sie daraus für sich einen hohen Mehrwert entnehmen konnten. Haben Sie positive oder negative Anmerkungen, Kritik, Fehler im Werk oder sonstige Rückfragen, können Sie mich jederzeit erreichen unter: kritik.an.fischer@gmail.com , sodass die Qualität dieser Zusammenschrift weiterhin gesteigert werden kann. Hierbei bedanke ich mich für alle Rückmeldungen, die ich bisher erhalten habe.

Zudem bedanke ich mich für sämtliches Bildmaterial, welches mir von https://pixabay.com und https://www.pexels.com bereitgestellt wurde. Dadurch werden die Erklärungen noch eindrücklicher dargestellt.

weitere Empfehlungen des Autors

Abitur Pädagogik und Psychologie: kompaktes Oberstufenwissen der Jahrgangsstufe 2

– exklusiv auf Amazon erhältlich

Abitur-Training Pädagogik und Psychologie: originalgetreue Abituraufgaben der Oberstufe

– exklusiv auf Amazon erhältlich

Abitur Wirtschaft:
kompaktes Oberstufenwissen mit Prüfungsfragen zur Abiturvorbereitung

– exklusiv auf Amazon erhältlich

Abitur Geschichte mit Gemeinschaftskunde:
kompaktes Oberstufenwissen mit Prüfungsfragen zur Abiturvorbereitung

– exklusiv auf Amazon erhältlich

Abitur Sport:
kompaktes Oberstufenwissen mit Prüfungsfragen zur Abiturvorbereitung

– exklusiv auf Amazon erhältlich

Abitur-Training Biologie: originalgetreue Abituraufgaben zur Prüfungsvorbereitung

– exklusiv auf Amazon erhältlich

Abitur Biologie: kompaktes Oberstufenwissen mit Prüfungsfragen zur Abiturvorbereitung

– exklusiv auf Amazon erhältlich

Abitur Chemie: kompaktes Oberstufenwissen mit Prüfungsfragen zur Abiturvorbereitung

– exklusiv auf Amazon erhältlich

Abitur Ernährung mit Chemie:
kompaktes Oberstufenwissen der Jahrgangsstufe 1

– exklusiv auf Amazon erhältlich

Abitur Ernährung mit Chemie:
kompaktes Oberstufenwissen der Jahrgangsstufe 2

– exklusiv auf Amazon erhältlich

Abitur Physik:
kompaktes Oberstufenwissen zur Abiturvorbereitung

– exklusiv auf Amazon erhältlich

Gesundheit und Pflege: kompaktes Oberstufenwissen der Eingangsstufe

– exklusiv auf Amazon erhältlich

Gesundheit und Pflege Jahrgangsstufe 1: Erfolg in der Abiturvorbereitung

– exklusiv auf Amazon erhältlich

Gesundheit und Pflege Jahrgangsstufe 2: Erfolg in der Abiturvorbereitung

– exklusiv auf Amazon erhältlich

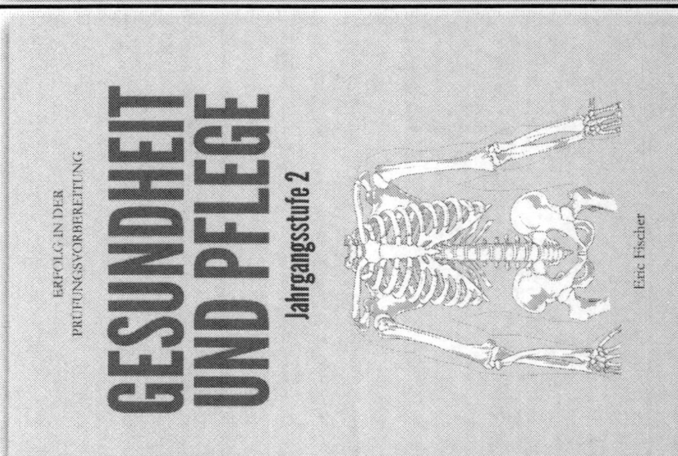

Abitur-Training GuP:
originalgetreue Abituraufgaben der Jahrgangsstufe 2

– exklusiv auf Amazon erhältlich

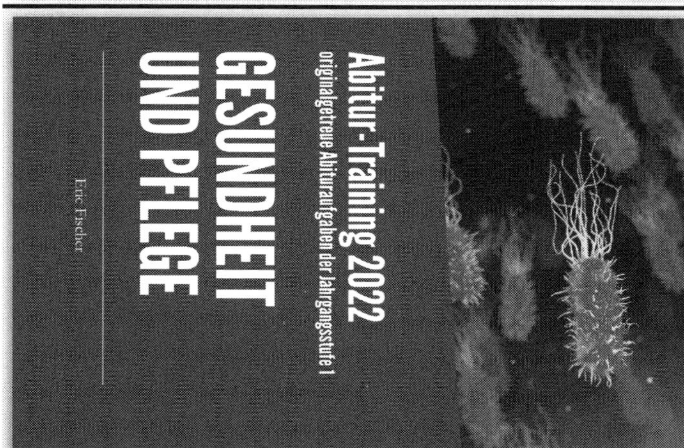

Abitur-Training GuP:
originalgetreue Abituraufgaben der Jahrgangsstufe 1

– exklusiv auf Amazon erhältlich

Abitur Deutsch: kompaktes Oberstufenwissen zur Abiturvorbereitung

– exklusiv auf Amazon erhältlich

Abitur-Training Deutsch: originalgetreue Abituraufgaben zur Prüfungsvorbereitung

– exklusiv auf Amazon erhältlich

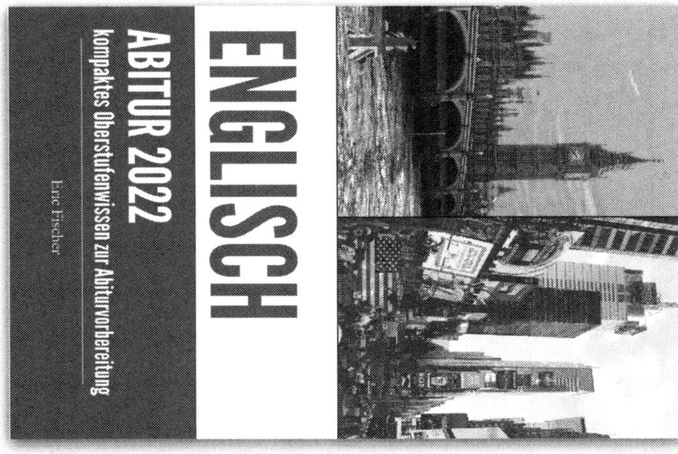

Abitur Englisch: kompaktes Oberstufenwissen zur Abiturvorbereitung

– exklusiv auf Amazon erhältlich

Abitur-Training Englisch: originalgetreue Abituraufgaben zur Prüfungsvorbereitung

– exklusiv auf Amazon erhältlich

Abitur Global Studies: kompaktes Oberstufenwissen zur Abiturvorbereitung

– exklusiv auf Amazon erhältlich

Abitur Ethik: kompaktes Oberstufenwissen zur Abiturvorbereitung

– exklusiv auf Amazon erhältlich

Abitur-Training Ethik: originalgetreue Abituraufgaben zur Prüfungsvorbereitung

– exklusiv auf Amazon erhältlich

Abitur Psychologie: kompaktes Oberstufenwissen zur Abiturvorbereitung

– exklusiv auf Amazon erhältlich

Abitur Religion: kompaktes Oberstufenwissen mit Prüfungsfragen zur Abiturvorbereitung

– exklusiv auf Amazon erhältlich

Abitur-Training Religion: originalgetreue Abituraufgaben zur Prüfungsvorbereitung

– exklusiv auf Amazon erhältlich

Notizen

Printed in Germany
by Amazon Distribution
GmbH, Leipzig

29100296R00097